JN437902

노동학총서 6

노동시장과 국가경쟁력

국제순위평가 재조명

고려대학교 노동문제연구소
이종선 · 박 동 · 반가운

2020
백산서당

발 간 사

세계경제포럼(World Economic Forum)과 스위스 국제경영개발대학원(IMD)은 매년 나라별 국가경쟁력 순위를 발표하고 있다. 국가경쟁력 순위는 개별 국가의 잠재적 경제성장력을 의미할 뿐만 아니라 외국 자본의 국내 투자에도 일정한 영향을 미치기 때문에 각국 정부도 그 결과에 관심을 두지 않을 수 없다. 이에 따르면 우리나라의 국가경쟁력 종합순위는 2019년도에 각각 13위(WEF 2019, 평가대상 141개국)와 28위(IMD 2019, 평가대상 63개국)를 차지한 것으로 나타났다. 국가경쟁력 평가기관과 평가지표에 따라 다소간의 차이를 보여주고 있지만 대체로 우리나라의 분야별 국가경쟁력 순위는 중·상위권에 포진해 있다.

하지만 노동시장 분야, 그중에서도 노사관계 순위는 매년 우리나라의 국가경쟁력 종합순위를 크게 낮추는 평가지표로서 주요 언론의 따가운 시선과 함께 뭇매의 대상이 되어 왔다. 실제로 세계경제포럼(WEF)의 2019년도 국가경쟁력 평가에서 우리나라는 거시경제 안정성 1위, ICT 보급 1위, 인프라 5위, 혁신역량 6위 등 선두권을 차지하고 있으나 노사관계 협력 지표는 평가대상 141개국 중 130위를 기록하고 있으며, IMD의 노사관계 순위도 63개국 중 꼴찌를 기록하고 있다. 이처럼 노동시장 분야 및 노사관계 지표에서 우리나라의 국가경쟁력이 하위권을 벗어나지 못하는 이유는 무엇일까? 이 연구는 바로 이러한 문제의식에서 출발해 노동시장 분야의 국가경쟁력을 높일 수 있는 정책 방안을 모색하고 있다.

노동시장 분야에서의 국가경쟁력 강화를 위해서는 상호 신뢰를 통한 노사관계 협력과 노사정 사회적 대화의 제도화가 중요하다고 할 수 있다. 노동시장 내 주요 사회행위자 간 낮은 사회적 신뢰와 사회적 자본이 부족한 상황에서는 물적 요소 및 인적 요소의 자원 배분이 아무리 효율적으로 이루어지더라도 국가경쟁력 강화는 요원할 뿐만 아니라 소기의 정책성과도 거둘 수 없기 때문이다.

따라서 노동시장 내 주요 사회행위자 간 사회적 신뢰와 사회자본을 축적하기 위한 중앙, 산업별, 업종별, 지역 등 다양한 차원에서의 중층적 사회적 대화 채널의 가동과 끊임없는 대화 그리고 각 수준에서의 합의 내용의 실천만이 노동시장 국가경쟁력 강화를 위한 최선의 방안이라고 할 수 있다. 아무쪼록 이 연구에서 제시하고 있는 국가경쟁력 강화를 위한 비전 및 전략, 그리고 정책 방안이 향후 우리나라의 국가경쟁력 제고 및 강화를 위해 유용하게 활용되기를 기대한다.

2020. 12. 10

고려대학교 노동문제연구소장

박 지순

차 례

표 차 례

그 림 차 례

노동시장과 국가경쟁력

국제순위평가 재조명

고려대학교 노동문제연구소
이종선 · 박동 · 반가운

1
서 론

제 1 절

문제 제기

국가경쟁력은 이제 경제학, 정치학, 사회학 등 사회과학 분야뿐만 아니라 이공계 등 기술과학 분야에서도 자주 언급되는 정책 개념이 되고 있다. 특히 1987년 이후 스위스 국제경영개발대학원(IMD)의 『세계경쟁력 연감』(The World Competitiveness Yearbook)과 1996년 이후 세계경제포럼(WEF)의 『글로벌경쟁력보고서』(The Global Competitiveness Report)에서 매년 국가별 경쟁력 순위를 발표함으로써 정책전문가뿐만 일반인 사이에서도 국가경쟁력 개념에 관한 관심이 높아지고 있다. 일반적으로 국가경쟁력은 "한 국가가 국내산업에서 높은 생산성을 달성하고 이를 통해 국민의 삶의 질 제고 및 지속가능한 발전 그리고 생산성을 계속 향상할 수 있도록 국내외 여건을 조성하는 능력"으로 정의할 수 있다(Porter, 1990; EU, 1999).[1] 하지만 IMD와 WEF 등 국가경쟁력 평가기관에 따라 각기 다른 정의와 세부지표 설정으

---

1) 국가경쟁력에 관한 연구는 마이클 포터 교수의 국가혁신체계(NIS) 전략이론에서 출발, '경쟁 우위' 개념을 국가 단위로 확장하여 적용함으로써 국가 간 거시경제 성과 차이를 국가경쟁력 개념으로 분석하고 국가경쟁력을 제고하기 위한 다양한 방안을 모색해 왔다(Porter, 1990; 이병태 외, 2010).

로 그 순위 결과를 둘러싼 논란을 낳고 있다(국가경쟁력강화위원회, 2012; 조동성 · 문휘창, 2005; 안국신, 2004; 이언호 외 2001).

2019년 5월에 발표한 IMD 국가경쟁력 평가 결과에 따르면 우리나라는 평가대상 63개국 중 28위로 2018년보다 1단계 하락한 것으로 나타났다. 반면 WEF가 지난 10월 초 발표한 우리나라의 국가경쟁력 종합순위는 평가대상 141개국 중 13위로 2018년 대비 2단계가 상승하였다(IMD, 2019; WEF, 2019; 기획재정부 내부자료, 2019). 이처럼 국가경쟁력 순위가 평가기관에 따라 서로 다를 뿐만 아니라 같은 평가기관의 국가경쟁력 순위도 연도에 따라 등락 폭이 심해 평가결과에 대한 의구심도 지속해서 제기되고 있다(조동성 · 문휘창, 2006).[2] 따라서 IMD와 WEF의 국가경쟁력 순위 그 자체에 대한 즉자적 대응보다는 두 기관의 국가경쟁력 평가 결과가 다르게 나타나고 있는 원인 및 세부지표 평가에 대한 분석, 국가경제력 순위의 변화 추세 양상에서 보이고 있는 정책적 함의 그리고 두 기관의 국가경쟁력 평가에서 공통으로 낮게 평가되고 있는 세부평가 항목에 대한 대응방안 모색이 더 중요한 정책과제라고 할 수 있다.

이와 관련하여 매년 우리나라의 국가경쟁력 종합순위를 크게 낮추는 평가지표로서 노동시장 분야가 지적되고 있다. 2019년

---

2) 예를 들면 WEF에서 발표한 국가경쟁력 보고서(2004~2005)에 따르면 한국의 국가경쟁력은 2003년에 비해 11단계 하락한 것으로 나타났으나 2006년도에는 다시 2005년 대비 12단계 상승한 것으로 나타났다(WEF 2003-2006 각 년도).

IMD 국가경쟁력 노동시장 분야에서 우리나라는 전체 63개국 중 38위로 종합순위인 28위에 크게 미치지 못하고 있으며, 그나마 이러한 순위는 2018년 53위에서 크게 향상된 결과라고 할 수 있다. 반면 2019년 WEF 국가경쟁력 평가 결과에서 노동시장 분야는 전체 평가대상 141개국 중 51위로서 2018년도 48위에서 3단계 떨어진 결과를 보여주고 있다. 특히 IMD의 노사관계 순위는 이보다 훨씬 낮은 63위를 기록하고 있다. 또한, 2019년 WEF 국가경쟁력 노사관계 협력 지표에서는 이보다 더 떨어진 130위를 기록하고 있다(IMD, 2019; WEF, 2019). 우리나라의 국가경쟁력 평가에서 노동시장 분야가 거시경제 안정성(1위), ICT 보급(1위), 인프라(5위), 혁신역량(6위) 등 다른 평가지표에 비해 매우 낮은 평가를 받고 있다는 점은 인정하더라도 이러한 평가 결과는 많은 문제점을 안고 있다는 알 수 있다. 과연 우리나라의 노동시장 분야의 국가경쟁력이 평가대상국 중에서 중하위 수준의 순위 결과가 객관적인 평가에 기초한 것인지, 만약 그렇다면 낮은 순위의 원인이 무엇인지 그리고 순위 결과를 높여갈 수 있는 구체적인 방안은 무엇인지에 대해 더 구체적으로 살펴볼 필요가 있다.

따라서 본 연구는 IMD와 WEF의 국가경쟁력에서 매우 낮은 평가를 얻고 있는 노동시장 분야에 대해 심층 분석함으로써 낮은 평가순위의 원인과 지표 평가의 문제점 그리고 향후 노동시장 분야에서 바람직한 국가경쟁력 평가 결과를 얻을 방안이 무엇인지 살펴보고 이를 토대로 보다 구체적이고도 실행 가능한 정책 대안을 제시하는 데 목적이 있다.

제 2 절

연구 배경 및 필요성

국가경쟁력 강화를 위한 노동시장 분야 정책방안 연구 및 필요성은 현 단계 한국사회의 사회경제적 배경과도 밀접하게 연관되어 있다. 현재 한국사회는 저성장 뉴노멀 시대로 지칭되는 경제성장 및 일자리 위기 그리고 저출산 고령화로 대변되는 사회 지속성의 위기라는'삼중의 위기(triple crisis)' 국면에 놓여 있다(이종선, 2019).

2008년 글로벌 경제위기 이후 2~3%대의 낮은 경제성장률을 보여주고 있으며 동시에 생산과정의 자동화와 디지털화로 일자리 없는 성장(jobless growth)이 계속되고 있다. 또 낮은 경제성장률과 일자리 위기는 청년세대 사이에 연애, 결혼, 출산을 포기하는 '3포 세대,' 취업과 주택 마련을 포기하는 '5포 세대', 인간관계와 희망을 포기하는 '7포 세대'에 이어, N포 세대라는 용어까지 생겨났다.

특히 1997년 IMF 경제위기 이후 글로벌 신자유주의가 빚어놓은 사회 양극화와 노동시장 이중구조는 한국사회의 가장 큰 구조적 병폐가 되고 있다. IMF 경제위기 이후 노동시장 유연화 조치로 정규직과 비정규직으로 나뉜 노동시장의 이중 구조화가 크게 심화하였다. 문재인 정부 들어 공공부문 비정규직 노동의 정규직 전환 노력에도 불구하고 민간부문에서의 비정규직 고용 관행은 여전히 계속되고 있다. 경제구조도 중소기업의 대기업에 의한 지배와 예속이 강화되고, 국가경제 전체적으로도 지방의 부와 인적자원이 끊임없이 수도권으로 집중되는 불균형 발전이 계속되고 있다.

최근 미·중 무역갈등과 일제강점기 강제동원 배상 및 화이트리스트 제거 등 한일 경제 및 정치갈등으로 한국경제의 저성장이 계속되고, 이는 다시 노동시장의 불안정성을 더욱 확대하고 있다. 한국의 고용 및 노동시장 현황 관련 지표는 다른 OECD 국가보다 상대적으로 열악한 것으로 나타나고 있다. 국제 고용노동통계(2019)에 따르면 우리나라의 경제활동참가율은 2016년 말 현재 68.7%로 네덜란드(79.7%), 영국(78.2%), 독일(78.0%), 일본(76.9%) 등은 물론 OECD 평균(73.9%)보다 낮은 수준이다([그림 1-1] 참조). 또 2016년 말 우리나라 고용률은 66.1%로 OECD 평균 68.4%에 미치지 못하고 있다. 이처럼 우리나라의 고용률이 OECD 평균보다 낮은 이유는 여성의 고용률이 상대적으로 낮기 때문이다. 실제로 우리나라의 여성고용률은 49.9%로 OECD 35개국 중 18위를 기록하고 있다(OECD 2018).

[그림 1-1] 경제활동참가율(15-64세) OECD 국제비교: 2016

자료: 국제고용노동통계 DB(2019)

고용노동부가 최근 발표한 2019년 9월 고용동향에 따르면, 취업자 수는 서비스 분야의 증가세로 전년 동월 대비 34만 8천 명이 증가한 것으로 나타나고 있으나, 자동차, 기계장비, 전자통신 등 제조업 중심의 30~40대 남성 일자리는 감소한 것으로 드러나 괜찮은 일자리의 고용상황이 나아졌다고 평가하기는 힘들다(고용노동부 자료 2019.10.16). 특히 2019년 2월 말 실업자 수는 130만 3천 명에 육박하여 2000년 1월 123만 2천 명 이후 가장 높은 수준을 기록한 뒤, 이후 낮아져 9월 말 실업률 3.1%를 기록하고 있다. 하지만 청년 실업률은 2019년 4월 11.5%를 정점으로 낮아져 2019년 9월 7.3%를 기록하고 있다(통계청, 2019.10.).

이처럼 여전히 높은 청년 실업률과 새로운 일자리의 절대 부족 그리고 노동시장구조 양극화에 따른 소득불평등 심화는 한국사회가 풀어나가야 할 가장 큰 사회적 쟁점이 되고 있다. 따라서 새로운 일자리 창출과 경제활동참가율, 특히 여성의 경제활동 참여를 높이는 방안이 노동시장 분야 정책의 핵심 과제가 되고 있다.

또한, 4차 산업혁명과 디지털화도 노동시장 분야에서 새로운 도전과 위기를 동시에 안겨주고 있다. 디지털 정보통신기술의 발달과 사물인터넷, 인공지능(AI), 로봇 등 디지털화는 기존 산업 및 제조업 일자리를 잠식할 것으로 예상되고 있다. 특히, 4차 산업혁명과 급속한 디지털 전환은 노동세계의 근본적인 변화를 가져와 플랫폼 노동 등 불안정한 노동자(프레카리아트)가 대거 생겨나고 있으며, 일자리 양극화와 소득불평등도 크게 확대되어 노동시장의 불안정성은 더 커질 것으로 보인다.

하지만 노동시장의 불안정성이 날로 커지고 있음에도 불구하고 이에 대비한 제도적 장치 마련을 둘러싼 사회적 논의와 제도화 노력은 여전히 미흡한 것으로 판단된다. 앞서 언급하였듯이 2019년 WEF 국가경쟁력 평가 결과에서 노동시장 분야는 2018년도 48위에서 3단계 떨어진 51위를 기록하고 있으며, 노사관계 협력 지표에서는 이보다 더 떨어진 130위를 기록하고 있다. 2019년 IMD가 발표한 우리나라의 노사관계 순위도 평가대상 63개국 중 63위를 기록하고 있다(WEF, 2019; IMD, 2019). 이처럼 우리나라 노사관계 협력 분야에서의 국가경쟁력 순위가 최하위권에 머물러 있다는 점은 IMD와 WEF 평가기관에서 국내에 위탁한 기관의 조사대상과 설문조사 방식에서의 통계적 편향이 존재한다는 점을 인정한다 하더라도 노사관계의 안정성과 제도화가 미흡하다는 것을 방증하고 있다.[3)]

따라서 이 연구는 IMD와 WEF 국가경쟁력 평가에서 가장 큰 약점 요인으로 지적되고 있는 '노동시장 분야'에 대한 문제점과 원인을 분석하여 향후 노동시장 분야의 국가경쟁력 강화를 위한 정책방안을 모색한다. 특히 이 연구에서는 노동시장 지표 분야에서 국가경쟁력 평가가 높은 주요 OCED 국가와의 노동시장 분야에 대한 비교분석을 통해 향후 우리 정부가 노동시장 분야에서 추진해야 할 보다 구체적인 정책전략 및 세부 정책과제를 제시해 보고자 한다.

---

3) 예를 들면, WEF의 경우 2019년도 국가경쟁력 평가와 관련한 설문지 조사를 올해 3월 국내 파트너 기관인 KDI를 통해 대·중소기업 CEO 100명을 대상으로 벌였다. 국내 노사관계 협력 분야 순위가 꼴찌에 머물러 있는 것도 이러한 통계 표본집단의 노사관계에 대한 부정적 인식이 한몫 하는 것으로 추정된다.

제 3 절

연구 방법

이 연구는 다음 몇 가지 방법을 통해 과제를 수행하였다. 먼저, 국가경쟁력 개념과 이론에 관한 문헌연구 검토이다. 이를 위해 국내외 국가경쟁력 강화방안 이론 및 연구 사례를 분석하였다. 특히 국가경쟁력 개념, 지표 및 평가방법에 대한 분석을 시도하였다. 둘째, 우리나라의 노동시장 국가경쟁력 평가를 위해 IMF와 WEF의 노동시장 국가경쟁력 평가 데이터 세트(data sets)를 분석에 활용하였다. 이를 통해 우리나라의 노동시장 분야 국가경쟁력의 현황을 비교·분석하고 낮은 평가를 받는 지표와 관련한 노동시장 내 문제점과 원인에 대한 분석을 시도하였다. 셋째, 우리나라 노동시장의 낮은 경쟁력과 갈등적 노사관계의 주요한 원인 중 하나로서 낮은 스킬 축적과 활용문제를 분석하기 위해 국제성인역량조사(Program for International Assessment of Adult Competencies) 자료를 활용하였다.[4] 특히 이 연구에서는 국

4) 국제성인역량조사는 OECD 국가 성인(16~65세)을 대상으로 역량의 축적, 활용, 노동시장 성과를 측정한 대규모 조사작업의 일환으로서 노동시장의

제성인역량조사 자료를 이용하여 우리나라 노동시장의 스킬 축적 및 활용수준을 주요 OECD 국가와 비교·분석함으로써 노동시장 분야 국가경쟁력 강화방안을 제시하고자 하였다.

넷째, 노동시장 국가경쟁력 강화방안 관련 해외 사례에 대한 비교·분석을 통해 분석적 시사점을 도출하고자 하였다. 노동시장 분야의 국가경쟁력 평가 상위 국가사례를 비교·분석함으로써 노동시장 국가경쟁력 강화를 위한 제도 및 정책방안을 모색하였다. 이를 토대로 향후 우리나라의 노동시장 국가경쟁력 강화를 위한 비전 및 전략, 노동시장 국가경쟁력 강화를 위한 세부 정책 방안 및 과제를 제시하였다.

끝으로 이 연구결과는 노동시장 경쟁력 강화방안을 모색하여 정부의 주요 정책과제를 제시하고 향후 노동시장 분야 국가경쟁력 제고를 위한 법률 제정 계기를 마련하고 구체적인 국가경쟁력 강화를 위한 정책방안으로 활용될 것으로 기대된다.

스킬축적(역량수준, 평생학습, 기업의 교육훈련 등)과 스킬활용(문제해결, 과업재량, 시간자율, 협력 등), 노동시장 성과(스킬수준별 임금 및 고용률, 직무만족, 신뢰 등) 등 국제 비교연구에 유용한 데이터 소스를 제공하고 있다.

2

노동시장 분야 국가경쟁력 개관:
현황 추이 및 비교

제 1 절

국가경쟁력과 노동시장: 평가지표 및 구성체계

1) 국가경쟁력 개념과 이론적 논의

국가경쟁력에 대한 논의는 1990년대 초 혁신체계(innovation system) 담론과 함께 본격화되었다. 포터(Porter)는 국가경쟁력이 국내산업의 생산성에 달려 있다고 주장하고, 국가경쟁력이 높은 국가란 국내산업이 높은 생산성을 달성하고 이를 계속 향상할 수 있는 국내여건을 조성해 주는 국가라고 정의하고 있다(Porter, 1990; 조동성 · 문휘창, 2006). 포터는 특히 혁신을 통해 경쟁 우위를 확보하고 끊임없는 개선을 통해 경쟁 우위를 지켜나감으로써 국가경쟁력이 담보될 수 있다고 주장하였다. 이를 뒷받침하기 위한 포터의 다이아몬드 모델(diamond model)에 따르면, 경쟁력의 결정적인 4대 요인은 자본과 노동력 요소, 수요와 공급 등 시장수요 조건, 관련 및 지원 산업, 기업 전략, 구조, 경쟁력 관계로 구성되어 있다(이에 관한 상세한 논의는 조동성 · 문휘창 2006 참조).

이러한 국가경쟁력 개념 및 이와 관련된 논의는 단일 정부 차원을 넘어 점차 국제 정부 기구 및 연구기관 등으로 확산되었다. OECD는 국가경쟁력을 자유롭고 공정한 시장조건에서 한 국가가 세계시장의 요구에 맞는 재화와 용역의 생산이 가능하고 장기간에 걸쳐 자국민의 실질 소득을 유지하고 확대해 가는 수준으로 정의하고 있다(OECD, 1992). 반면 EU는 국가경쟁력을 생산성, 효율성, 수익성 요소를 통해 삶의 질을 높이고 사회 복지를 증진시키는 수단으로 정의하고 있다(Competitiveness Advisory Group, 1999).

<표 2-1> 국가경쟁력 개념과 정의

기관	정의
OECD	자유롭고 공정한 시장조건에서, 한 국가가 세계 시장의 요구에 맞는 재화와 용역의 생산이 가능함으로써, 장기간에 걸쳐 자국민의 실질 소득을 유지하고 확대해 가는 수준
EU	생산성, 효율성, 수익성 요소를 통해 삶의 질을 높이고 사회 복지를 증진시키는 수단
IMD	국가 내에서 활동하는 기업들이 국내 및 글로벌 경쟁력을 유지할 수 있는 환경을 제공하는 국가의 능력
WEF	1인당 GDP의 높은 성장률을 유지하는 국가의 능력으로, 중기적으로 높은 경제성장률을 지지해주는 일련의 제도와 경제정책

IMD는 국가경쟁력을 영토 내에서 활동 중인 기업들이 국내외 경쟁력을 유지할 수 있는 제반 환경을 창출하고 유지할 수 있는

국가의 능력으로 정의하고 경제성과, 정부 효율성, 기업 효율성, 각종 인프라 등 4개 분야로 나누어 각국의 경쟁력을 측정하고 있다(IMD, The World Competitiveness Yearbook, 2000). 반면 WEF에 따르면, 국가경쟁력은 높은 수준의 1인당 GDP 성장률을 유지하도록 하는 국가의 능력으로, 장기적으로 높은 경제성장률을 지지해주는 일련의 제도, 정책 및 제반 요소들을 의미한다(WEF, The Global Competitiveness Report, 2000; 2008). 이를 토대로 WEF는 기본환경, 인적자원, 시장, 혁신생태계 등 크게 4개 요소를 통해 국가경쟁력을 평가하고 있다.

앞서 언급하였듯이, 포터는 국가경쟁력이 국내산업의 혁신과 생산성에 의해 결정되며, 이러한 산업의 경쟁력에 영향을 미치는 생산요소, 시장수요, 관련 및 지원 산업, 그리고 기업 전략 구조 및 경쟁 등 4가지 경쟁력 요소를 포함하는 다이아몬드모델을 제시하고 있다(Porter, 1990). 하지만 러그만과 드 크루즈(Rugman and D'Cruz)는 포터의 다이아몬드모델이 국내 차원에 머물러 있다고 지적하고, 경제 규모가 작은 국가들이 글로벌 전략을 수립할 때는 자국 차원의 다이아몬드 모델뿐만 아니라 국제적 요소를 고려한 더블 다이아몬드 모델(Double Diamond model)을 주장하였다(Rugman and D'Cruz, 1993).

또 문 등(Moon et.al., 2001)은 일반화된 더블 다이아몬드(GDD) 모델 개발을 통해 한 국가와 관계를 맺는 있는 모든 국가로 경쟁력의 범위를 확장시켰다(Moon. Rugman, and Verbeke, 2001; 조동성·문휘창, 2006). 조동성은 포터의 다이아몬드 모델이 한국과 같은 개발도상국에 적용하는 데는 한계가 있다고 지적하면서 국가경쟁력의 원천으로 인적요소와 물적 요소를 모두 고려해야 한다고 주장하며 인적요소로서 근로자, 정치가 및 행정 관료, 기업가, 전문가를 포함한 9-팩터 모델을 제시하였다(Cho, 1994).

조동성·문휘창(2006)은 포터 다이아몬드모델을 이론적으로 논의하고 이를 확장하여 국가경쟁력의 범위(국내요소 및 국제요소)와 원천(물적 요소 및 인적 요소)의 차원을 모두 포괄하는 이중 더블 다이아몬드(Dual double diamond, DDD) 모델을 제시하고 있다. 요컨대 이중 더블 다이아몬드 모델은 포터의 다이아몬드모델에서 시작된 국가경쟁력 논의를 경쟁력 원천인 물적 요소와 인적 요소를 국내 및 국제차원에서 통합된 하나의 틀에서 분석해야 한다는 점을 강조하고 있다.

[그림 2-1] 이중 더블 다이아몬드 모델

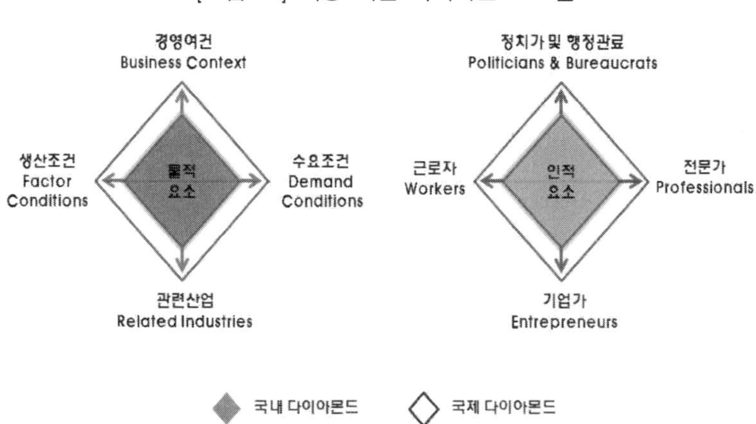

자료: 조동성·문휘창(2006: 150)

이러한 국가경쟁력 분석모델에 대한 논의는 개별 지표 분석에도 유용한 시사점을 제공하고 있다. 특히 인적요소에 대한 새로운 강조는 "국부는 물려받는 것이 아니라 창조된다"는 포터의 핵심적 주장과도 일맥상통한다. 다만 포터의 다이아몬드모델 및 확장된 분석모델이 갖는 문제점은 대체로 주어진 물적, 인적요소와 생산 및 수요 조건 등 정태적 요소에 대한 분석에 머물러 있다는 점이다. 오히려 국가경쟁력은 물적 요소에 대한 자원 배분의 효율성보다는 물적 요소가 아닌 인적자원 배분의 개선이 중요할 수 있다. 특히 사회적 행위자에 대한 동기부여, 사회적 대화 메커니즘 및 제도 등이 국가경쟁력 측면에서 물적 요소 및 자원 배분보다도 더 중요한 역할을 할 수도 있다.

2) 국가경쟁력 지표 구성 및 체계

IMD의 2019년도 『세계경쟁력연감』은 전 세계 63개국을 대상으로 경제성과, 정부효율성, 기업효율성, 인프라 등 4대 분야 20개 부문, 235개 세부항목에 대한 순위를 평가하고 이를 기초로 각국의 종합순위를 산정한다(<표 2-2> 참조).

<표 2-2> IMD와 WEF 국가경쟁력 지표 구성 및 체계 (2019년 기준)

IMD		WEF	
4대 분야	20개 부문 (지표: 235)	4대 분야	12개 부문 (지표: 103)
경제성과	국내 경제 국제 무역 외국인 투자 고용 물가	기본환경	제도 인프라 ICT 보급 거시경제안정
정부효율성	공공 재정 재정 정책 제도적 여건 기업 관련 법 사회적 여건	인적자원	보건 기술
기업효율성	생산성 노동시장 금융 경영 활동 태도 및 가치	시장	생산물시장 노동시장 금융시스템 시장규모
인프라	기본 인프라 기술 인프라 과학 인프라 보건 및 환경 교육	혁신생태계	기업활력 혁신역량

자료: IMD(2019) 및 WEF(2019)

IMD의 4대 분야는 분야마다 5개씩 중분류 지표로 구분하여 총 20개 부문 235개 세부지표 항목으로 이루어져 있는데, 이 중에서 통계자료는 143개, 설문조사 항목 92개로 구성되어 있다.

<표 2-3> IMD와 WEF 국가경쟁력 보고서 비교(2019년 기준)

구 분	세계경쟁력연감 (IMD)	글로벌경쟁력보고서(WEF)
시작 연도	1989	1979
경쟁력 지수	국제경쟁력지수(ICS)	글로벌경쟁력지수(GCI)
대상 국가	63개국	141개국
평가부문	경제성과, 정부효율성, 기업효율성, 인프라 등 20개 부문, 총 235개 세부지표 평가	기본환경, 시장, 인적자원, 혁신생태계 등 4대 분야, 12개 부문, 103개 세부지표 평가
지표 구성	통계 143개 + 설문 92개	통계 56개 + 설문 47개
설문조사	기업인 대상(중간관리자, CEO) (응답자수 3,000명)	대·중소기업 CEO 대상 (응답자수 100명, 2019.3 실시)
분석방법	20개 부문에 동일하게 5%의 가중치 부여(경성자료 1, 연성자료 0.55 부여)	국가발전 단계에 따른 부문별 가중치 차등방식 폐기 및 동일 가중치 부여(2018 개편)
국내 파트너	KIEP(2013년 선정)	KDI

WEF에서 발간하는 『글로벌 경쟁력 보고서』(2019)는 전체 141개 국가를 분석대상으로 기본환경, 인적자원, 시장, 혁신생태계 등 4대 분야 12대 부문 103개 세부지표 항목을 평가하고 있다. 이 중 통계 지표는 56개, 설문조사 지표 항목은 47개로 설문조사는 대·중소기업 CEO을 대상으로 실시하였다.

<표 2-4> IMD & WEF 국가경쟁력 노동시장 세부지표 구성

구분	IMD	WEF
세부 지표	보상수준 단위노동비용 서비스 전문직 보수 관리자 보수 보수 범위 노동시간) 노동동기부여 노사분규 도제제도 직원교육 노동력 노동력 비중 노동력 증가 장기적 노동력 증가 파트타임 고용 여성노동력 외국인 노동력 숙련노동 금융 스킬 인재 유치 및 보유 두뇌유출 외국인 고숙련 기술자 국제경험 유능한 중견관리자 노사관계	정리해고 비용 고용 및 해고 관행 노사관계 협력 임금 결정 유연성 적극적 노동정책 노동자 권리 외국 노동자 고용 용이성 국내 노동 이동성 전문경영 의존도 급여 및 생산성 여성경제활동참가율 노동세율

자료: IMD(2019) 및 WEF(2019)

<표 2-4>는 IMD 및 WEF 국가경쟁력 보고서의 노동시장 분야 세부지표 항목 및 구성체계를 보여주고 있다. IMD 세계경쟁력연감의 노동시장 분야 지표는 크게 보상수준과 임금, 노동시간과 동기부여, 노사분규, 직업훈련, 노동력, 파트타임 고용, 외국노동력, 스킬 수준 등으로 구성되어 있다. 반면 WEF 국가경쟁력 노동시장 분야 지표는 정리해고 비용, 고용 및 해고 관행, 노사관계 협력, 임금 결정 유연성, 적극적 노동시장 정책, 노동자 권리, 외국인 고용 용이성, 국내 노동 이동성, 급여와 생산성, 여성의 경제활동참가율, 노동세율 등으로 구성되어 있다.

제 2 절

IMD 국가경쟁력 평가 및 현황 추이

1) 우리나라의 IMF 국가경쟁력 평가 현황

최근 5월 말 발표된 2019년 IMD 국가경쟁력 평가 결과, 우리나라의 종합순위는 평가대상 63개국 중 28위로 전년도 27위에서 한 단계 하락한 것으로 나타나고 있다([그림 2-2] 참조). 특히 우리나라는 경제성과 지표에서 GDP대비 투자 규모(4위), 교역조건(6위), 장기실업률(3위) 등은 양호한 수준이었으나, 국내경제(16위), 국제무역(45위) 등이 전년도에 비해 크게 떨어지면서 7단계(20위→27위) 하락한 것으로 나타났다(IMD 2019). 정부 효율성 평가에서는 GDP 대비 재정수지 지표(16위→3위)와 창업절차의 간소성(2위)에서 높은 순위를 차지하였으나 제도적 여건과 기업관련 규제 지표에서 순위가 낮아져 지난해 29위에서 31위로 두 단계 하락한 것으로 나타났다(<표 2-5> 참조).

[그림 2-2] IMD 국가경쟁력 한국 종합순위 추이(1998~2019)

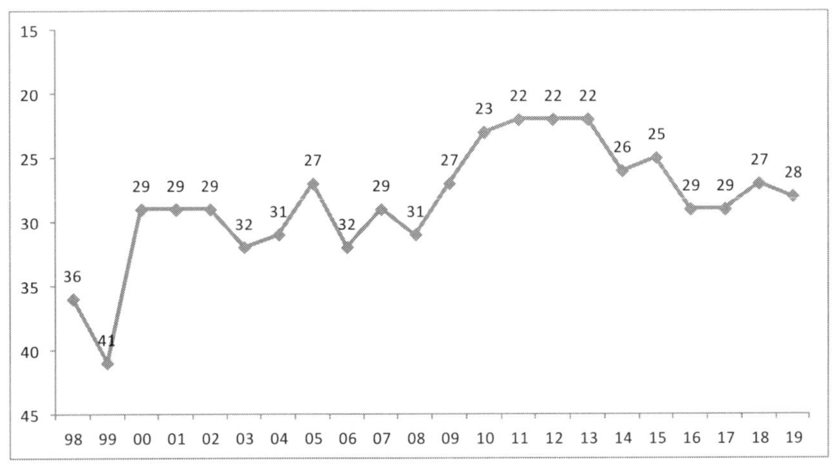

자료: 기획재정부 자료(2019. 5. 28)

반면 기업 효율성 평가에서는 노동자에 대한 동기부여 지표 개선(61위→41위)과 노동시장 분야(53위→36위) 지표 순위가 크게 향상되면서 전년도 43위에서 34위로 9단계 상승한 것으로 나타났다. 인프라 부문에서는 과학 분야에서 인구 천 명당 연구개발 인력 지표 개선(8위→5위)에 힘입어 전년도 7위에서 3위로 4단계 상승하였다. 반면 교육 분야에서는 외국어 능력 기업 수요 적합성(33위→44위)과 대학교육의 사회수요 적합성(49위→55위) 지표는 하락한 것으로 나타났다.

<표 2-5> 2019년도 IMD 국가경쟁력 부문별 평가 결과(종합)

연도	'13	'14	'15	'16	'17	'18	'19
종합순위	22	26	25	29	29	27	28
경제성과	20	20	15	21	22	20	27
- 국내경제	19	13	12	18	17	9	16
- 국제무역	14	34	29	29	35	35	45
- 국제투자	34	35	32	35	40	35	30
- 고용	8	7	6	6	7	6	10
- 물가	50	50	52	50	47	54	53
정부 효율성	20	26	28	26	29	29	31
- 재정	9	24	25	20	19	22	24
- 조세정책	18	17	19	18	15	17	18
- 제도적 여건	19	25	25	25	29	29	33
- 기업 관련 규제	39	42	45	46	48	47	50
- 사회적여건	42	36	40	40	42	38	39
기업 효율성	34	39	37	48	44	43	34
- 생산성	37	35	38	38	35	39	38
- 노동시장	27	36	35	51	52	53	36
- 금융	28	29	31	37	35	33	34
- 경영활동	50	56	53	61	59	55	47
- 행동·가치	23	34	29	38	36	30	25
인프라	19	19	21	22	24	18	20
- 기본 인프라	23	26	23	24	27	22	23
- 기술 인프라	11	8	13	15	17	14	22
- 과학 인프라	7	6	6	8	8	7	3
- 보건 및 환경	28	28	30	35	35	32	32
- 교육	25	31	32	33	37	25	30

자료: IMD(2019); 기획재정부 내부자료(2019. 5. 28)

이에 따라서 인프라 부문의 평가 결과도 전년도 18위에서 20위로 두 단계 하락하였다. 전체적으로 볼 때 2019년도 IMD 국가경쟁력 보고서에 나타난 우리나라의 국가경쟁력은 기업 효율성 측면에서는 크게 향상되었으나 경제성과, 정부 효율성, 인프라 부문에서의 부진으로 전년도에 비해 한 단계 낮아진 것으로 나타났다.

2) 우리나라의 IMD 국가경쟁력 노동시장 세부지표 평가

IMD 국가경쟁력 보고서에 나타난 2019년도 노동시장 분야에 대한 평가 결과는 평가대상국 61개국 중 36위로서 전년도 53위에서 크게 향상되어 2014년 수준을 회복한 것으로 나타났다(아래 <표 2-6> 참조). 하지만 2015년 35위에서 2016년 51위로 순위가 크게 떨어진 것과 마찬가지로 이처럼 한 해 동안 국가경쟁력 순위가 크게 변화하게 된 주된 원인을 파악하기 위해서는 노동시장 분야 세부지표 평가 현황 및 추이를 분석해 볼 필요가 있다.

<표 2-6>에서 나타나고 있듯 바와 같이 2015년에서 2016년 사이에 노동시장 분야의 우리나라 국가경쟁력 순위가 크게 요동친 주요 원인으로는 노사관계 지표의 하락을 들 수 있다. IMD 국가경쟁력 보고서에 나타난 노사관계 순위가 2015년 57위에서 매년 하락해 2018년 63개국 중 최하위를 기록하였다. 이는 박근

혜 정부 들어 성과연봉제와 임금피크제 도입과 함께 악화하기 시작한 노사관계가 2016년 1월 일반해고 지침과 취업규칙 변경 지침 발표로 파국적 상황으로 귀결된 데 따른 것으로 분석된다.

이 같은 박근혜 정부의 노동조합에 대한 일방적 소통 방식과 노동법 개악의 여파로 노동자 동기부여에 대한 국가경쟁력 순위가 2013년 42위에서 매년 떨어져 2018년에는 63개국 중 61위를 기록하고 있는 것도 같은 기간 노동시장 분야에서의 국가경쟁력 순위가 크게 떨어진 요인이 되었다.

IMF 국가경쟁력 보고서 평가에서 발견할 수 있는 특이한 사항은 우리나라의 경우 객관적인 통계자료에 기초한 평가지표의 경우 대체로 결과가 양호하지만, 설문조사에 기초한 평가지표의 경우 대체로 그 순위 결과가 낮게 나타나고 있다는 점이다. 이러한 점은 국내 파트너기관에서 수행하고 있는 설문조사 대상 집단의 표본 선정과정에서의 편향적 오류 또는 평가지표에 대한 주관적 요소가 개입되어 있을 가능성에 대한 추가 분석이 요구된다. 하지만 여기서 분명하게 짚고 넘어가야 할 것은 현재 IMD 국가경쟁력 보고서의 노동시장 분야 평가에서 국가경쟁력 순위가 10단계 이상 급변하는 것은 평가방법과 기준이 매우 불안정하고 그 평가결과에 대한 신뢰성도 크게 의심을 받을 수밖에 없다는 점이다.

<표 2-6> IMD 노동시장 분야 국가경쟁력 추이

연도	'13	'14	'15	'16	'17	'18	'19
종합순위	22	26	25(61)	29(61)	29(63)	27(63)	28(63)
노동시장	27	36	35	51	52	53	36
- 노사관계			57	59	62	63	63
- 노동력(%)	15	15	15	15	15	14	11
- 노동시간	14	12	11	12	11	11	11
- 노동동기부여	42	49	55	59	59	61	41
- 노동손실일수	29	23	26	28	32	5	-
- 파트타임고용			32	34	-	33	32
- 보상수준	40	39	42	40	40	43	-
- 단위노동비용	24	25	30	-	-	-	25
- 여성노동력	46	47	47	48	48	44	-
- 외국인노동력	-	-	-	28	30	14	-
- 도제제도	22	40	35	44	41	30	18
- 직원훈련	23	22	34	42	46	30	33
- 숙련노동	40	32	23	48	41	37	34
- 금융기술	39	38	33	45	41	47	34
- 스킬보유	20	12	13	21	27	36	14
- 두뇌유출	37	46	44	46	54	43	30
- 외국인고숙련	31	43	38	46	48	49	49

자료: IMD. *World Competitiveness Yearbook*(2013~2019)

제 3 절

WEF 국가경쟁력 평가 및 현황 추이

1) 우리나라의 WEF 국가경쟁력 평가 현황

WEF는 2019년 10월 총 141개 국가를 대상으로 글로벌 경쟁력 지표 4.0(Global Competitiveness Index 4.0) 체계를 토대로 한 기본환경, 인적자원, 시장, 혁신생태계 등 4대 분야, 12개 부문, 103개 항목(통계 56개, 설문 47개)에 대한 국가경쟁력 평가 결과를 발표하였다(WEF, 2019).[5] 2019년 WEF가 발표한 우리나라의 국가경쟁력 평가는 평가 대상 141개국 중 13위로 WEF 글로벌 경쟁력 평가순위 측면에서 가장 좋은 결과를 얻은 것으로 나타났다. 이러한 평가 결과는 OECD 36개국 중에서 10위, 30-50클럽 7개국 중 5위로서 주요 선진국 수준의 국가경쟁력을 보유한 것으로 평가되고 있다(기획재정부, 2019. 10).

5) 통계 세부지표 항목은 WEF가 IMF, WB, WTO 등 국제기구 및 각국 정부 통계를 직접 수집하여 분석하였으며. 설문지표 평가는 국내 파트너기관인 KDI를 통해 대・중소기업 CEO 100명을 대상으로 실시 (2019.3)한 조사결과를 토대로 한 것이다.

2019년도 WEF 국가경쟁력 평가 보고서에 따르면, 전년도와 마찬가지로 ICT 보급(1위), 거시경제 안정성(1위), 인프라(6위) 등에서 좋은 평가를 받았으며, 보건 지표(19위→8위)의 경우 11단계, 혁신역량(8위→6위)도 2단계 상향된 것으로 나타났다. 반면 노동시장 지표(48위→51위)와 기업활력 지표(22위→25위)의 경우 전년도 대비 각각 3단계씩 하락한 것으로 나타났다(<표 2-7> 참조). 전체적으로 볼 때 거시경제 건전성과 ICT 보급 및 인프라 확충, 혁신역량 강화 등으로 국가경쟁력 평가에서 긍정적 요인으로 평가되나 생산물시장의 경쟁구조(59위)와 대립적 노사관계, 노동시장의 경직성과 이중구조 등 노동시장 지표(51위) 등은 전체 국가경쟁력 순위를 낮추는 요인이 되고 있다([그림 2-3] 참조).

<표 2-7> WEF 국가경쟁력 4대 분야 12개 부분별 순위 변화

분야	기본환경				인적자원		시장				혁신생태계	
부문	제도	인프라	ICT 보급	거시경제 안정성	보건	기술	생산물 시장	노동 시장	금융 시스템	시장 규모	기업 활력	혁신 역량
‘17	58	8	신규	2	28	29	24	73	74	13	26	18
‘18	27	6	1	1	19	27	67	48	19	14	22	8
‘19	26	6	1	1	8	27	59	**51**	18	14	**25**	6
변화	↑1	-	-	-	↑11	-	↑8	**↓3**	↑1	-	**↓3**	↑2

자료: 기획재정부 내부자료(2018; 2019)

[그림 2-3] WEF 국가경쟁력 평가 세부지표 비교: 2018년도

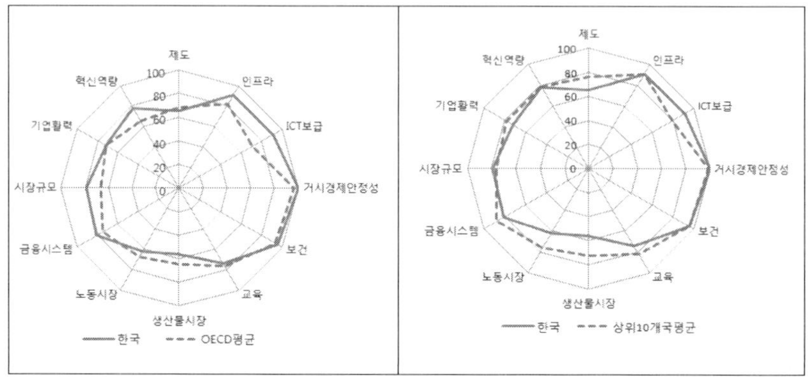

자료: 기획재정부 내부자료(2018. 10. 16)

2) 우리나라의 WEF 국가경쟁력 노동시장 세부지표 평가

2019년도 WEF 글로벌 경쟁력 보고서에 나타난 노동시장 지표 평가 결과에 따르면, 노동자 권리(108위→93위, 통계), 국내 노동 이동성(75위→70위, 설문), 급여 및 생산성(16위→14위, 설문) 등은 개선되었으나, 정리해고 비용(114위→116위, 통계), 고용 및 해고 관행(87위→102위, 설문), 노사협력(124위→130위, 설문) 등에서 하락하였으며, 노동시장 부문 국가경쟁력 평가순위는 전년도 대비 3단계 하락한 51위를 기록하였다. 2019년도 글로벌 경쟁력 보고서에서 노동시장 부문에서 가장 낮은 평가항목은 노사관계 협력 지표(130위)였으며 가장 높은 평가항목은 급여 및 생산성 지표(14위)로 나타났다(<표 2-8> 참조).

<표 2-8> WEF 국가경쟁력 노동시장 부문 평가: (2017~2019)

항목	순위			항목	순위		
	‘19	‘18	‘17		‘19	‘18	‘17
정리해고비용	116	114	112	외국인 노동자 고용 용이성	100	104	신규
고용 및 해고 관행	102	87	88	국내 노동력 이동성	70	75	신규
노사관계 협력	130	124	130	전문 경영 의존도	54	61	39
임금 결정 유연성	84	63	62	급여와 생산성	14	16	15
적극적 노동정책	20	30	신규	여성 경제활동 참가율	59*	53	90
노동자 권리	93	108	신규	노동세율	55	56	신규

자료: 기획재정부 내부자료(2018; 2019)
* 주: 남성 대비 여성 임금근로자 비율

특히 2019년도 WEF 노동시장 부문의 국가경쟁력 평가에서 ‘노사관계 협력’ 지표는 141개 국가 중 130위로 최하위 수준에 머무르고 있으며, 정리해고비용 지표(116위), 고용 및 해고 관행 지표(102위), 노동자 권리 지표(93위) 등도 우리나라 전체 국가경쟁력 순위를 낮추는 주요 요인이 되고 있다. 무엇보다 노동존중 사회 실현을 국정지표로 내세운 문재인 정부가 받은 노사관계 협력 분야 평가는 141개국 중 130위, ‘노동자 권리’ 순위(93위)는 141개 평가대상국 중 최하위권에 속할 정도로 노동기본권 측면에서 노동 후진국을 면치 못하고 있다. 따라서 노동기본권에 대한 ILO 기본협약 비준과 노동존중 사회 실현을 위한 기본 정책과제에 대한 점검 및 전략과제 제시가 요구되고 있다.

제 4 절

평가 및 문제점

IMD와 WEF 국가경쟁력 평가에서 나타나고 있는 문제점으로는 다음 몇 가지 점을 지적할 수 있다. 동일 국가에 대한 국가경쟁력에 대한 기관 평가의 결과 및 순위가 평가대상 국가 수와 평가지표의 차이를 감안하더라도 편차가 심하다는 점을 들 수 있다. 우리나라의 2019년도 국가경쟁력 평가만 하더라도 IMD의 경우 61개 평가 대상국 28위로 중위권 국가로 평가되고 있지만 WEF의 경우 141개 평가 대상국 중 13위로 상위권 국가로 평가되고 있다. 이 같은 IMD와 WEF 국가경쟁력 보고서에 나타난 국가별 순위와 평가 차이는 평가지표 및 평가방법의 차이에서 비롯된 것으로 보이나 향후 국가경쟁력 강화를 위한 정책방안 수립과 관련 세밀한 비교분석이 필요하다고 판단된다.

둘째, 국가경쟁력을 분석하기 위한 세부지표 및 항목이 자주 변경되고 있다는 점이다. 그 결과 일부 국가 간 국가경쟁력 순위가 일반상식 수준을 벗어난 평가결과를 제시하는 사례가 발생하고 있다(조동성 · 문휘창, 2006: 181). 또 개별 국가별 국가경쟁력 종합순위의 경우 여러 단계 상승과 하락을 반복함으로써 평가 결과의 신뢰성을 약화하는 요인이 되고 있다.

셋째, IMF와 WEF 국가경쟁력 평가지표에서 사용되는 통계 지표와 설문조사 결과에 나타나고 있는 평가방법과 차이의 문제점을 지적할 수 있다. 두 기관에서 활용하고 있는 통계 지표의 경우 IMF, World Bank, WTO 등 국제기구 및 각국 정부 통계를 직접 수집하여 분석하기 때문에 국가 간 비교평가에서 큰 문제점이 없을 것으로 보이나, 개별 국가 내 파트너기관을 통한 설문 조사결과를 토대로 한 평가지표의 경우 조사설계 단계에서부터 편향된 통계상 오류가 개입할 소지가 크다는 점을 지적할 수 있다. 예컨대 우리나라의 경우 객관적인 통계자료에 기초한 평가지표의 경우 대체로 결과가 양호하지만, 설문조사에 기초한 평가지표의 경우 대체로 순위 결과가 매우 낮게 나오고 있다는 점을 들 수 있다. 따라서 국내 파트너기관에서 수행하고 있는 설문 조사 대상 집단의 표본 선정과정에서의 편향적 오류 또는 평가 지표에 대한 주관적 요소가 개입되어 있을 가능성에 대한 추가 분석이 요구된다.

요컨대 조동성·문휘창(2006)이 지적하고 있듯이 IMD 및 WEF 국가경쟁력 평가 보고서의 경우 일관된 이론적 배경이 없을 뿐만 아니라 체계적인 연구 방법이 정립되어 있지 않아 여전히 많은 문제점을 지니고 있다. 따라서 IMD 및 WEF 국가경쟁력 평가에 대한 분석에서도 종합순위 등에 연연하기보다는 개별 평가지표에 대한 세밀한 검토와 추가적인 지표 관련 연구가 요구된다.

3

노동시장 국가경쟁력(1):

노사관계 분야 국제비교

제 1 절

한국의 노사관계 분야 국가경쟁력 현황

세계는 현재 빛의 속도로 변모하고 있다. 인공지능을 필두로 하는 디지털화, 인구구조 변화, 세계화 등의 메가트렌드는 특정 국가나 사회에 속한 사람들의 상호작용 방식에 엄청난 영향을 미치고 있다. 이러한 세계사적 변화의 와중에 특히 노사 간 신뢰의 형성과 강화가 여전히 중요다고 할 수 있다. 일터의 변화에 따른 수많은 도전에 효율적으로 대응하는 데는 좋은 노사관계가 가장 큰 도움이 되는 것으로 확인되고 있기 때문이다(OECD, 2019).

이런 가운데 2019년 한국의 노사관계 협력 순위는 IMD의 설문조사 결과 63개국 중 최하위인 63위를 기록하였다(<표 3-1> 참조). 2018년 WEF 노사관계 협력 순위는 140개국 중 124위를 차지하였다. 우리나라는 IMD와 WEF 조사에서 노사관계는 거의 매년 최하위를 벗어난 적이 없다고 해도 과언이 아니다. IMD 조사결과를 기준으로 한국의 노사관계 협력 순위를 살펴보면 다음과 같다.

<표 3-1> IMD 발표 한국의 노사관계 협력 순위

연도	2015	2016	2017	2018	2019
순위(전체)	57(61)	59(61)	62(63)	63(63)	63(63)

자료: IMD. *World Competitiveness Yearbook*(2015~2019).

노사관계 협력 정도에 대한 순위는 IMD와 WEF 모두 평가대상국의 특정 연구소 및 대학과 파트너십을 맺은 해당국 기업경영인들을 대상으로 실시한 설문조사 결과를 기초로 한 것이다. IMD 설문조사의 질문 문항은 다음과 같다. "귀국의 노사관계는 일반적으로 얼마나 생산적인가?"[1] 따라서 한국의 노사관계 순위는 외국 경영자들이 바라본 평가 결과가 아니라 한국 경영자들에 의한 평가 결과를 의미한다. 따라서 이러한 평가결과를 기초로 한 국제 순위 평가가 타당성을 갖는지에 대해 지속적으로 문제가 제기되어 왔다.

노사관계 협력의 이해 당사자 중 한쪽인 경영자들이 노사관계를 부정적으로 평가하고 있는 점은 주지의 사실이다. 경영자들

---

1) WEF의 노사관계 순위 설정은 한국의 경영자들을 대상으로 하는 7점 척도의 다음과 같은 설문조사 결과를 반영한 것이다. "귀국의 노사관계는 적대적인가 아니면 협력적인가?" 이러한 질문은 결국 한국 노사관계에 대한 한국 경영자들 스스로의 평가를 나타내는 것이기 때문에 외국인들이 한국의 노사관계를 평가하는 것과 다른 것임을 알 수 있다. 앞에서 지적한 바와 같이 이러한 부정적 평가는 경영자들 스스로가 한국은 투자하면 안 된다는 인식을 심어주는 결과를 초래하고 있다.

은 노조가 전투적이고 적대적이어서 생산적인 노사관계를 가로막고 있다고 주장하고 있다. 하지만 이는 역으로 경영자들이 조직 노동에 대해 얼마나 적대적인가를 보여주는 지표이기도 하다. 경영자들 스스로가 국내 노사관계에 대해 매우 부정적인 평가를 하고 있기 때문이다.

현재 우리나라의 경우 국가 기간산업 부문을 중심으로 한 대기업들이 여전히 적대적 노사관계를 벗어나지 못하고 있음은 엄연한 사실이다. 그러나 [그림 3-1]에 나타난 바와 같이 전체 노동자의 약 10% 정도만 노동조합으로 조직되어 있고, 나머지 90%는 노도조합을 결성하지 못하고 있어서 파업할 역량을 제대로 확보하지 못하고 있다. 이런 측면에서 매년 노사관계 순위를 꼴찌로 매겨 놓고 이것이 국가경쟁력에 악영향을 미친다는 식의 일부 언론의 보도 방식은 지양해야 할 측면이 있다.2)

2) 국가경쟁력 개념은 다양하게 측정할 수 있는데, IMD의 세계경쟁력 스코어보드(WCS, World Competitiveness Scoreboard)는 국가경쟁력을 '기업의 경쟁력 유지를 위한 국가역량'으로 정의하고 있으며, WEF의 글로벌 경쟁력 지수(GCI, Global Competitiveness Index)는 '1인당 GDP 성장률 제고를 위한 국가역량'으로 규정하고 있다.

[그림 3-1] 한국의 IMD 발표 노사관계 순위

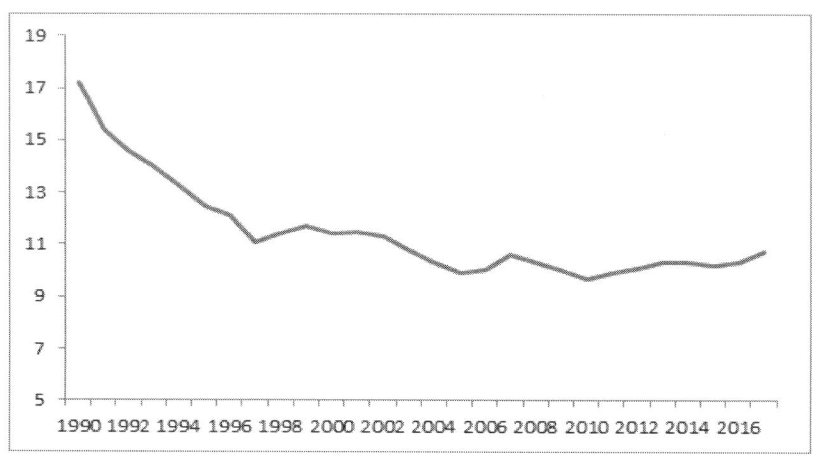

자료: 한국노동연구원, 『2019 KLI 노동통계』에 근거해 재작성.

다음 같은 언론 보도는 IMD의 노사관계 순위의 의미를 곡해하는 대표적 사례이다. "IMD의 노사관계 경쟁력 조사에서 한국은 조사대상 60개국 중 60위로 꼴찌를 차지해 노사관계 경쟁력이 형편없는 것으로 나타났다. … … 이 결과만 놓고 보면 한국은 사용자와 강성 노조의 마찰 때문에 기업하기 어려운 나라로 이미 낙인찍히지 않았나 두렵다. 강성 노조의 존재 때문에 경영권이 위협받는다든가 근로조건이 노조의 주장에 끌려가는 것 같은 인상을 주면 안 된다"(조선일보, 2004. 5. 6; 동아일보, 2004. 5. 10; 문화일보, 2004. 5. 6).

한국 경영자들의 자국 노사관계에 대한 부정적 평가는 세계 여러 나라 사람들에게 한국의 기업들은 노동자들에게 적대적인 태도를 갖고 있다는 사실을 보여주고 있을 뿐이다. 이러한 자승

자박의 행위로 인해 한국의 기업 생태계는 혁신적인 방향으로 나아가기 어려운 상태이다.

세계 각국이 4차 산업혁명 시대를 맞이하여 보다 숙련되고 더 높은 수준의 디지털 역량을 보유한 우수 인력을 양성하기 위해 전력을 기울이고, 혁신적 기업의 창업과 협력적 노사관계의 모델을 창출하기 위해 전력투구하고 있음에도 불구하고 한국사회는 여전히 노동조합이나 경영측은 물론이고, 정부나 언론조차 노사관계의 새로운 질적 전환에 대해 고민하기보다 상호간 불신과 부정에 머물고 있다.

이러한 불신과 갈등의 연쇄반응 고리를 차단하기 위해서는 노사관계가 세계에서 꼴찌라는 식의 자극적이고 방관자적인 자세를 지양하고, 더 나아가 왜 한국 경영자 또는 조직노동의 노사관계에 대한 평가가 부정적으로 나올 수밖에 없으며, 이를 극복할 수 있는 대안은 무엇인지를 심도 있게 고민할 필요가 있다.

제 2 절

노사관계에서 사회적 조정의 중요성

노동시장에서 보이지 않는 손이 작동하여 합리적인 결과를 초래한다는 아담 스미스의 가정은 경험적 증거의 측면에서 뿐만 아니라 이론적 기초의 측면에서도 타당성을 가지지 못한다는 것이 입증되었다. 2008년 경제위기 등 위기가 초래될 때마다 정책결정자들은 왜 경제학자들이 위기의 시작이나 심각성의 정도를 예측하지 못하는지 의문을 가졌다.

중요한 것은 개인이나 노동조합, 기업, 정부 등 노동시장의 주요 행위자들 사이의 네트워크와 조정 방식이 시기마다 변화해왔다는 사실이다. 한국의 경우에도 과거에 노동시장에서 노동손실일수가 엄청난 규모를 기록했으나 이제 점차 안정화되는 추세를 보여주고 있다. 이에 따라 노사 갈등에 따른 '조정 실패'(coordination failure)를 반복하는 죄수의 딜레마 게임을 벗어나 새로운 조정 방식을 모색할 시점에 도달하였다(Bartolini, 2012).

노사정 간 협력과 조정 메커니즘은 국가별 그리고 시기별로 매우 다양한 양상을 보여 왔다. 여기서 노사 간 조정의 핵심 내용은 임금 조정과 단체교섭 제도의 조정을 가리킨다. 예를 들어 노사관계에서 매년 상위 순위를 차지하는 스위스, 덴마크, 노르웨이, 스웨덴 등에서는 나라마다 독특한 조정 제도가 발전되어 왔다.

최근까지 노동시장 연구 전문가들은 OECD 국가를 대상으로 노동조합의 조직형태(기업별노조, 산업별노조, 전국노조), 단체교섭 제도, 노사정 협력의 제도화 등의 중요성에 초점을 맞추어 다양한 연구를 진행해왔다. 이들의 이론화 노력의 결실로 2004년부터 OECD에서는 노사정 간 조정의 정도를 각국의 노사관계를 평가하는 매우 중요한 변수로 설정하고 보고서를 작성해왔다.

노조의 조직 방식, 단체교섭의 지점, 노사정 간 사회적 대화 방식 등은 노동시장의 핵심 행위자인 노사정의 행위를 규율하는 가장 핵심적인 노동시장제도라고 평가할 수 있다. 이와 관련하여 코포라티즘(corporatism) 이론과 사회적 조정(social coordination) 이론에서 각각 논의되어 왔다.

먼저, 코포라티즘 이론에서는 필립 슈미터와 렘부르크(Schmitter and Lehmbruch, 1979)를 기점으로 본격적으로 논의가 확산되기 시작하였다. 이 논의에서는 1970년대 석유위기에 각국이 대응하는 과정에서 노동시장 경제주체들이 협력적으로 대응하는 나라들이 더욱 유리한 거시경제적 성과를 창출했다고 주장한다. 특히 이 논의는 북유럽의 스웨덴, 노르웨이, 덴마크 등 노조 조직률이 높은 나라들이 노사 갈등을 최소화했고 뿐만 아니라 새로운 산업분야로 용이하게 진출했다는 사실에 주목했다.

이 분야 연구자들은 노조의 조직적 역량 또는 중앙집권화(centralization) 정도를 계량화한 후 이것이 실업률이나 성장률 등 거시경제 지표에 미치는 상관관계를 분석했다. 그 결과 노조 조직률이 높고, 노조의 중앙집권화 정도가 높은 나라가 거시경제적 수행에 더욱 유리한 결과를 창출했다고 주장하고 있다(Korpi and Shalev, 1979; Cameron, 1984; Bruno and Sachs, 1985; Calmfors and Driffill, 1988).

실제로, 노르웨이나 스웨덴, 덴마크 등에서는 노조가 강력한 힘을 발휘해서 노사 조정 메커니즘을 발전시켜온 것으로 평가되고 있다. 이른바 스칸디나비아 모델은 코포라티즘 모델로 불리기도 하는데, 이 모델의 나라는 노조 조직률이 압도적으로 높음에도 불구하고 노조가 그 힘을 파업에 활용하지 않는다는 특징을 보여주고 있다.

이에 따라 노조의 중앙집권화 정도는 OECD에서 노동시장의 경쟁력을 평가하는 지표 중 하나로 선정되어 2004년 이후 국가별 노동시장의 평가에 반영되고 있다. 노조의 중앙집권화는 노조가 중심이 되어 단위노조의 행동을 조정함으로써 산발적 파업 등으로 인한 피해를 최소화할 뿐만 아니라 실업률 저하를 위한 각종 정부 정책에 중앙노조가 적극적으로 참여하여 좋은 거시경제적 효과를 낳게 한다.

그러나 노조 조직률이 낮은 국가들에서도 노사정 간 행동조정을 통해 우수한 거시 경제적 성과를 창출하는 국가들이 다수 존재한다는 데 문제점이 발생하고 있다. 대표적으로 스위스는 노조 조직률이 낮음에도 불구하고 매우 우수한 거시 경제적 성과를 이루었다. 스위스는 IMD의 2019년 노사관계 평가에서 1위를 차지했을 뿐만 아니라 매년 안정된 노사관계를 유지해왔다.

소스키스 등의 분석에 따르면 스위스의 경우에는 노조가 아니라 사용자 조직이 강력하게 조직되어 노동시장에서 행동을 조정하는 것으로 파악되고 있다(Soskice, 1990: 41~42; Crouch and Traxler, 1995:12). 스위스의 경우 경영자들이 노조에 비해 압도적 영향력의 우위를 차지하여 경영자들이 주도하여 노사관계에서의 행동을 조정하는 것으로 평가되고 있다.

이에 따라 노조 조직률이 높은 경우만이 아니라 사용자 조직이나 정부조직이 주도권을 행사하는 경우에도 노동시장을 안정시켜 좋은 거시경제적 결과를 낳게 한다는 인식이 대두되었다. 그 결과 중앙집권만이 아니라 노동시장 주제들 간의 행동 조정의 중요성에 대한 인식이 강화되어 나갔다. 즉 노조 조직률의 정도나 단체교섭 방식에 관계없이 노사정 간 사회적 조정이 잘 이루어질 경우 거시경제적 성과가 높게 나타난다는 새로운 주장이 제기되었다.

예를 들어 독일의 경우 노조의 단체교섭은 산업 수준에서 이루어지는데, 산업 수준에서 합의된 교섭결과를 법률을 통해 전 산업 부문으로 확대·적용함으로써 노동시장을 조정해 나간다. 노사가 지나치게 높은 임금인상에 합의하는 경우 독일중앙은행이 개입하여 긴축 통화정책을 실시하는 등 임금인상의 효과를 최소화하여 국가경쟁력을 유지하였다.

사회적 조정이론은 노동시장의 핵심 행위자인 노조와 사용자단체 그리고 정부 등의 집합행위가 비합리적 결과를 초래할 수 있다는 가정에 기초하고 있다. 즉 일부 행위자들의 무임승차(free-riding) 행위가 심해질 경우 노동시장 전체의 효율성이 떨어지고 결과적으로 높은 실업률과 임금 격차 확대, 산업경쟁력 저하 등 좋지 않은 거시경제적 결과를 낳게 된다. 사회적 조정이론은 이러한 문제점을 해소하기 위해서 노사정 각 주체들이 어떠한 노력을 해야 하는가 하는 문제의식에서 시작되었다고 할 수 있다.

소스키스 등은 나라별로 사회적 조정의 결과는 시기에 따라 다르게 나타난다는 점을 간파했다. 따라서 조정은 일회적인 것으로 끝나는 것이 아니라 시기별로 국가의 상황에 따라 변화한다는 것이다. 이러한 주장은 노조 조직률이 높아야 노사정 간 행동의 조정이 가능하다고 가정하는 중앙집권화 이론을 더욱 보편적으로 적용한 것이다.

소스키스(1990)의 분석에 따르면 스웨덴, 노르웨이 등 노조가 중앙집권적인 국가만이 아니라 사용자들이 주도권을 행사하는 스위스, 춘투(春闘)를 통해 일정 시기에 임금조정을 이루어나가는 일본 등도 사회적 조정이 잘 이루어지고 있다. 이에 반해 미국, 영국 등은 조정이 잘 이루어지지 않고 있는 나라로 분류된다.

사회적 조정이론은 노동시장의 경쟁력 강화를 위해서는 노사관계에서의 협력과 조정의 중요성에 대한 새로운 인식의 전환을 가져왔다. 무엇보다도 노동시장의 경쟁력 강화, 또는 노사관계 협력 정도의 향상을 위해 보다 정밀한 분석 수단의 개발과 대안의 필요성을 제기했다.

지금까지 논의를 정리하면 노사관계 협력이 중요한 이유는 노동시장에서 노사의 협력을 통한 조정이 거시경제적 수행에 매우 중요한 영향을 미치기 때문이다. 이에 따라 그동안 수많은 연구자들은 노동시장에서 노사 또는 노사정 간 행위조정이 거시경제적 수행에 어떠한 영향을 미치는가를 연구해왔다(Soskice, 1990; Traxler, 1994; Hall and Sockice, 2001; OECD, 2004; OECD, 2018).

그 결과 노사 간 행위가 잘 조정되는 국가가 거시경제적 수행에서 우수한 결과를 낳는다는 것이 일반적 인식으로 자리 잡기 시작했다. 특히, OECD에서는 단체교섭의 중앙집권화와 노사 교섭의 조정을 노사관계 효율성의 과정 지표로 설정하여 평가해왔다(OECD, 2004; 2018).

최근 OECD는 "OECD 국가의 노동자 세 명 중 한 명의 보수와 노동조건은 단체교섭에 의해 좌우된다. 산업 부문에 걸쳐 임금을 조정할 수 있는 교섭 시스템을 갖춘 나라는 취약집단을 포함해서 더 낮은 임금 불평등과 더 좋은 고용 결과로 연결되는 경향이 있다…전체적으로 조정과 넓은 범위에 걸친 사회적 파트너들의 조직화된 분권화(organised decentralisation)[3]가 좋은 수준

3) 조직화된 분권화는 중앙 수준 혹은 산업 수준의 임금조정 또는 단체교섭 합의가 이루어진 이후 기업수준에서 노사대표가 회사 사정 등을 감안하여 합의를 재정의, 조정할 수 있는 충분한 여지를 남겨두는 것을 의미한다.

의 포용성 및 유연성과 결합되어 더 나은 노동시장 결과를 낳게 한다. 요컨대 OECD는 작업장에서의 사회적 대화 또한 고품질의 노동환경과 연관되어 있다"는 연구결과를 제시했다(OECD, 2018: 73~122).

노사정 간 사회적 대화가 더 참여적인 노동시장과 작업장을 창출함으로써 더 나은 사회경제적 결과는 물론 더 좋은 노동자 복지, 기업의 더 나은 발전, 정부 신뢰의 회복 등 노사정 삼자 간 윈-윈-윈의 결과를 가져올 수 있다는 점을 명심할 필요가 있다.

노사 협력을 통한 단체교섭이 노동시장의 수행에 미치는 영향을 도식으로 나타내면 아래의 [그림 3-2]와 같다. 최근의 기술 변화와 노조 조직율의 전반적 하락, 노동소득분배율의 악화, 단체교섭의 분권화 추세 등으로 인해 단체교섭이 노동시장 결과에 미치는 영향에 대해 우려가 증가하고 있다. 이에 따라 OECD(2018)에서는 노사관계의 협력 정도, 즉 단체교섭 제도가 노동시장의 수행과 포용적 성장에 미치는 영향에 관한 연구를 진행했다. 특히 고용과 임금, 노동환경의 질, 불평등과 생산성 등 정책결정자들의 관심 분야에 초점을 맞추어 분석을 실시했다. 데이터는 2017년 OECD 보고서에서 개발한 것을 기초로 했다.

[그림 3-2] 단체교섭, 노동시장 수행 그리고 포용적 성장

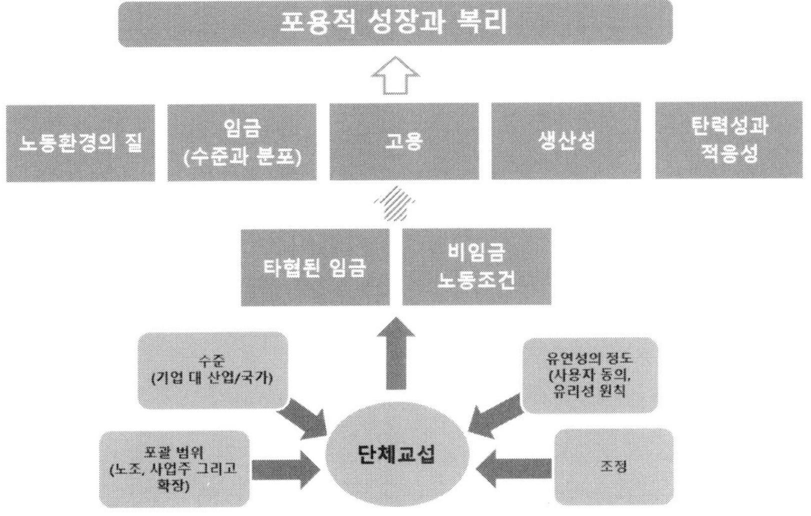

자료: OECD(2018: 78)

OECD(2018) 분석에서 네 가지 주요 구조단위(building block)는 [그림 3-2]에 나타난 바와 같이 단체교섭의 포괄범위(단체교섭 합의에 직접 서명한 노사조직만이 아니라 여타 기업이나 부문으로 합의된 단체교섭을 확대 적용), 단체교섭의 수준(기업, 산업, 전국 수준), 산업수준 또는 기업수준 임금의 조정 및 유연성[4] 정도 등이다. 경험적 분석결과는 다음과 같다(OECD, 2018).

---

4) 유연성에서 사용자 동의(opt-outs)는 상위 수준의 합의를 하위 수준에서 수용할 수 있는지 여부를 가리키는 것이고, 유리성 원칙(favourability principle)은 하위규범이 상위 규범보다 근로자에게 유리할 때 하위 규범을 적용하는 것을 가리킨다.

우선, 여러 나라들의 단체교섭 제도를 비교분석한 결과 조직화된 분권화를 포함한 조정된 단체교섭 시스템이 완전히 분권화된 시스템보다 더 높은 고용과 더 낮은 실업(청년과 여성, 저숙련 노동자 포함)을 나타냈다. 임금 격차(wage dispersion)는 산업수준에서 교섭이 이루어지는 나라에서 가장 적은 것으로 나타났다. 단체교섭이 중앙집권화된 나라의 경우 합의의 포괄범위가 높을수록 생산성 증대에 부정적인 영향을 미치는 것으로 나타났다. 조직화된 분권화가 우수한 고용 수행, 더 나은 생산성, 고임금 결과를 낳는 것으로 확인되었다. 또 임금교섭에서의 조정은 임금합의가 대외경쟁력을 해치지 않고 경기순환의 상황과 일치하도록 하는 등 거시 경제적 영향을 고려할 수 있도록 도와주는 것으로 나타났다.

조정이 잘 이루어지는 나라들에서는 노조의 임금인상 자제가 가능하기 때문에 사용자 조직들이 조정행위를 강력히 지지하는 경향이 있다. 또 노동조합의 경우에도 높은 수준의 고용을 보장받을 수 있기 때문에 합의 결과를 존중하는 것으로 나타났다. 조정이 효과적이려면 효율적인 중재자의 존재만이 아니라 강력하고 자기 규제적인 사회 파트너가 필요하다.

이러한 분석에서는 각국의 단체교섭 제도의 특성을 크게 다섯 가지 범주로 분류했다(OECD, 2018: 81).

1) 대부분 중앙집권적이고 약하게 조정된 단체교섭 제도: 프랑스, 아이슬란드, 이탈리아, 포르투갈, 슬로베니아, 스페인, 스위스

2) 대부분 중앙집권이고 조정된 단체교섭 제도: 벨기에, 핀란드
3) 조직화된 분권화와 조정된 단체교섭 제도: 오스트리아, 덴마크, 독일, 네덜란드, 노르웨이, 스웨덴
4) 대체로 분권화된 단체교섭 제도: 호주, 일본, 그리스, 룩셈부르크, 슬로바키아, 아일랜드
5) 완전히 분권화된 단체교섭제도: 캐나다, 칠레, 체코, 에스토니아, 헝가리, 한국, 라트비아, 리투아니아, 멕시코, 뉴질랜드, 폴란드, 터키, 영국, 미국

[그림 3-3] 단체교섭제도와 노동시장 결과

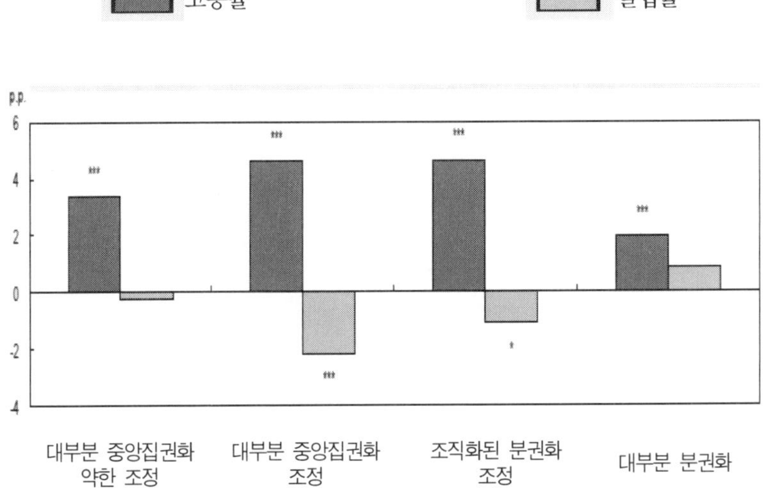

자료: OECD(2018: 84)

조정된 단체교섭 시스템은 완전히 분권화된 시스템보다 더 높은 고용률과 낮은 실업률과 연관된 것으로 나타났다. [그림 3-3]을 보면 단체교섭의 중앙집권화와 조직화된 분권화가 이루어지는 나라에서 고용률과 실업률 모두 더 양호하게 나타난다.

[그림 3-4] 산업부문간 생산성 관련 임금 탄력성: 국가별 추산치

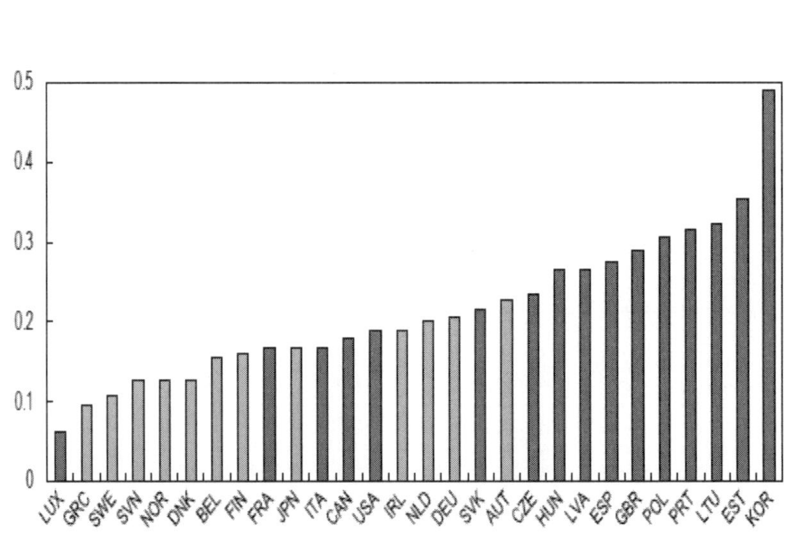

자료: OECD(2018: 93)

아울러 OECD(2018)는 산업 부문에 걸친 임금과 생산성 사이의 상관관계를 분석했다. [그림 3-4]는 임금과 생산성이 다양한 산업 부문에 조정된 정도가 엄청나게 차이가 나타난다는 사실을

보여주고 있다. 산업 부문 간 생산성 관련 임금 탄력성에 있어서 한국은 압도적으로 높은 것으로 나타난다. 한국의 경우 거의 0.5에 달하는데, 이를 가정할 경우 다른 산업 부문에 비해 특정 산업 부문의 생산성이 10% 높을 경우 임금이 5%가량 더 높게 나타난다. 이는 산업부문별로 생산성 차이가 존재할 경우 임금 격차가 매우 높을 수밖에 없다는 사실을 의미한다.

[그림 3-5] 한국의 기업규모별 임금 추이

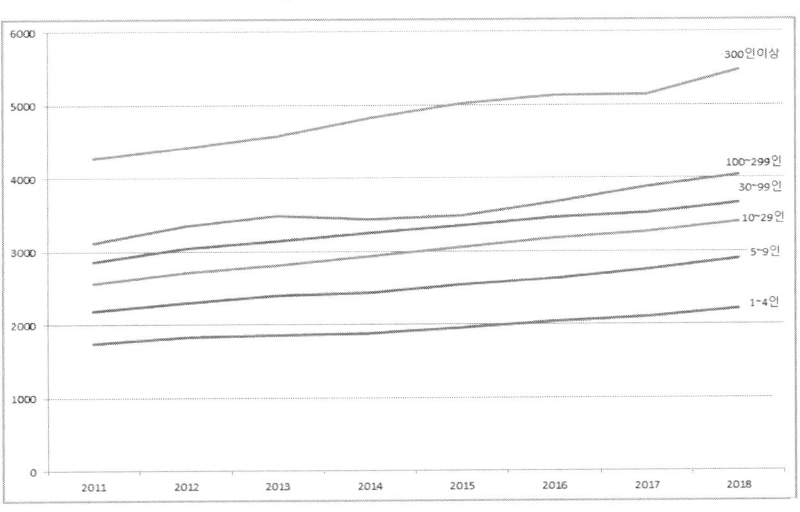

자료: 한국노동연구원, 『2019 KLI 노동통계』에 근거해 재작성

그런데 한국에서 더욱 중요한 문제점은 산업부문별 임금조정이 이루어지지 않을 뿐만 아니라 대부분 노조로 조직화된 대기업 노동자들과 중소기업 노동자들 사이에 임금 격차가 매우 심각한 수준으로 벌어져 있다는 사실이다. OECD 구분에 따르면

한국은 완전히 분권화된 단체교섭제도를 갖추고 있으며, 임금 결정은 개별 기업 단위로 파편화된 구조를 이루고 있다. 요컨대 한국의 노동시장제도는 파편화되고 조정되지 않은 기업별 임금 결정제도를 특징으로 하고 있다(박동, 2005). [그림 3-5]에 나타난 바와 같이 한국은 산업부문별 임금조정이나 기업별 임금조정이 이루어지지 않기 때문에 강력하게 조직화된 대기업 노동자들은 노조임금(Union Wage)을 통해 여타 노동자들보다 훨씬 높은 임금을 받고 있다. 한국에서 임금은 기업의 규모가 커짐에 따라 더욱 높아지고 있어 임금 격차는 기업 규모와 비례한다고 말할 수 있다.

[그림 3-6] 한국의 임금소득 분위수 배율 추이

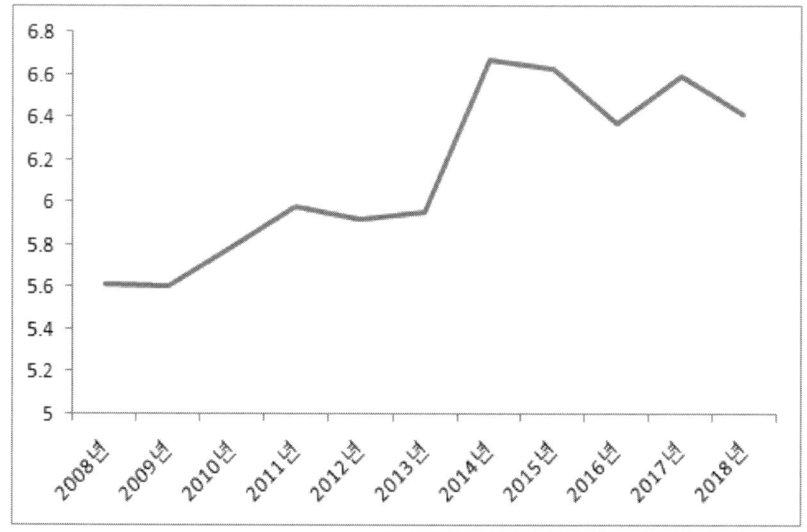

자료: 한국노동연구원, 『2019 KLI 노동통계』에 근거해 재작성

이뿐만 아니라 한국의 전체 노동자(1인 이상)를 임금수준에 따라 한 줄로 세우고 최하위 10%와 최상위 10% 사이의 임금 격차를 비교한 결과 2008년에는 상위 노동자가 하위보다 5.61배 높은 임금을 받았는데, 2018년에는 6.41배로 점차 임금 격차가 확대되는 것으로 나타났다([그림 3-6] 참조). 이는 한국의 노동시장이 매우 불평등한 구조로 이루어져 있음을 의미한다.

[그림 3-7] OECD 국가의 임금 불평등 비교

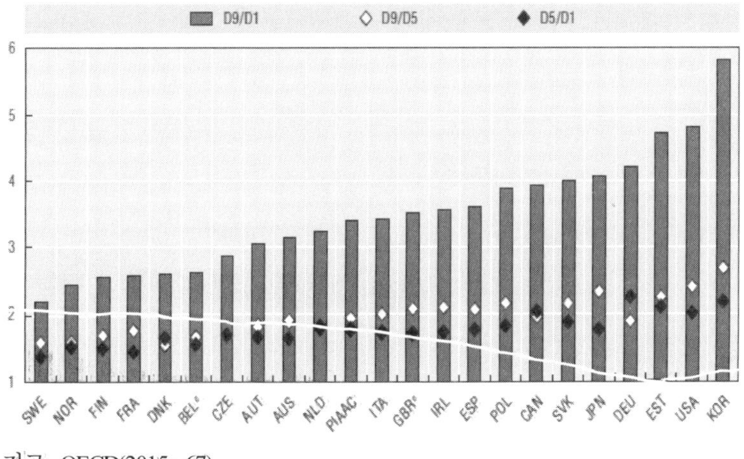

자료: OECD(2015: 67)

한국의 임금 격차(D9/D1)를 OECD 국가들과 비교해서 살펴보면 [그림 3-7]에 나타난 바와 같이 전체 22개국 중 1위를 차지하고 있다. 2위인 미국보다도 큰 격차를 보여주고 있다. 이를 통해 우리나라의 최상위 10%(D9)와 최하위 10%(D1) 사이의 임금 격차가 매우 심각한 수준임을 알 수 있다.

그런데 여기서 자료는 10명 이상을 기준으로 한 것이므로 임금 불평등이 1인 이상을 기준으로 할 때보다 매우 낮게 나타나고 있다. 미국의 임금 격차는 미국 노동시장이 전 세계 이민자들로 이루어져 있기 때문에 불가피한 측면이 있고, 이스라엘은 팔레스타인 지구가 존재하며, 터키의 경우에는 부정부패 및 엄청난 지하경제의 존재 등으로 인해 도시 간, 지역 간, 소득계층 간 불평등이 높게 나타나고 있다. 그런데 한국은 특수한 상황이 존재하지 않음에도 임금 격차가 세계 최고수준을 기록한 것은 대기업과 중소기업 간 임금조정이 전혀 이루어지지 않은 결과라고 말할 수 있다.

한국 노동시장의 제도적 특성은 기업별로 파편화되고 조정되지 않은 분권화된 구조를 갖추고 있다는 점이다. 그런데 노조로 조직화되지 못한 90%의 노동자들은 시장 메커니즘에 의해 임금이 결정되는 반면 노조로 조직된 대기업 노동자들은 강력한 기업별 노조를 활용하여 임금인상 등 단기이익을 극대화하는 전략을 추구해왔다. 그 결과 민주화 이후 한국 노동시장은 기업 규모별 임금 격차의 확대 및 소득 불평등의 심화, 중소기업 노동자들의 고용 불안정 심화, 비정규직의 급속한 증가 등 여러 가지 부정적 효과를 야기했다. 그동안 한국은 거의 완전고용을 보이는 것으로 OECD에 보고되어 왔기 때문에 한국 노동시장 제도가 갖는 부정적 측면이 제대로 주목받지 못했다.

이제는 노사 모두가 한국 노동시장 제도가 갖는 각종 부정적인 측면들을 극복하기 위한 본격적 조정 노력을 기울여 나가야 할 시점에 도달하였다. 현재 상태를 방치할 경우 한국에서 그나마 생산성이 높은 산업 분야에서조차 새로운 투자가 확대되기 어려울 것이다. 아울러 사용자 측의 투자 기피 전략은 대기업 조직노동자들에게 단기이익의 극대화를 위한 명분을 제공해줄 것이다. 결과는 괜찮은 일자리의 급속한 감소로 인한 실업률의 확대와 청년층의 노동시장 진입 실패 등으로 귀결될 것이다.

제 3 절

한국 노동시장의 변화와 노사정 사회적 대화의 중요성

노조 조직률 10% 수준의 한국의 노동시장에서 노사 간 임금과 단체교섭의 조정의 정도를 극대화하려면 노동자의 참여와 유연성 사이의 균형이 필요하다. 특히 대기업 등 독점 부문의 경우 현재와 같은 요소투입형 경제를 탈피하여 4차 산업혁명 등 신기술 분야의 투자를 확대함과 동시에 이에 대한 노조의 교육훈련 참여, 임금자제 등을 정치적으로 교환(political exchange)할 수 있도록 조정해 나갈 필요가 있다.

현재 상태와 같이 노사 간 협력과 조정 노력이 부족한 상태가 지속되면 사용자 측은 일부 대기업 노조에 대한 불신 때문에 신기술 분야에 대한 투자를 꺼릴 수밖에 없다. 아울러 노조 측은 사용자 측이 장기적 관점에서 기업에 대한 투자를 꺼린다는 점 때문에 더욱 임금인상 등 단기적 이익에 집착할 수밖에 없다. 글로벌 경기 침체로 인해 전 세계 각국에서 신기술 분야 투자를 고민하는 상황임에도 불구하고 한국의 산업체에서는 여전히 임금인상과 같은 단기이익을 둘러싼 노사갈등이 지속되는 이유가 바로 여기에 있다.

그러나 한국의 노사분규의 양상은 점점 안정화되는 방향으로 나아가는 추세여서 노사정 간 사회적 대화를 통해 노동시장의 경쟁력 강화를 이루어나가기 유리한 상황이 전개되고 있다.

1) 대기업 노사분규에 따른 노동손실일수 최소화

노사관계의 적대성을 보여주는 가장 직접적인 자료라고 할 수 있는 노사분규의 경우만 보더라도 획기적인 개선이 이루어지는 것으로 나타났다. 2019년에 발표된 IMD의 노사분규 순위에 따르면 한국은 41위를 차지하였다. IMD 노사분규 순위는 2015년부터 2017년까지 3년 동안 매년 평균 1,000명당 노동손실일수를 측정한 것을 2019년에 발표한 것이다. 총 46개국의 국가 통계 데이터를 비교했는데, 한국은 41위를 차지해 최하위 그룹에 속하는 것으로 나타났다.

2019년 발표 자료에 따르면 노동손실일 수는 아르헨티나가 166.19일로 최하위인 46위를 기록했고, 페루(84.74일), 이스라엘(37.84일), 캐나다(33.93일), 벨기에(25.46일), 한국(21.74일) 등의 순으로 나타났다. 한국은 조사대상 46개국 중 41위를 기록했다. 다만 주목할 점은 한국의 노동손실일 수가 과거에 비교해보면 대폭 개선되는 추세를 보이고 있다는 점이다. 그러나 노동손실일 수가 1일 미만인 나라가 20개국에 달하기 때문에 애당초 높은 순위를 차지하기 어려운 상황이다.

한국의 노조 파업으로 인한 노동손실일 수는 과거와 비교할 수 없을 정도로 지속적인 감소 추세를 보이고 있다. [그림 3-8]에 나타난 바와 같이 한국의 노동손실일 수(천일)는 1990년을 정점으로 최근까지 매우 낮은 수준을 지속되고 있어 현재 추세만 보면 노사관계는 안정 기조로 접어든 것으로 평가해도 무방할 정도이다. 4차 산업혁명으로 대표되는 신기술의 확산과 경기침체 국면에서 전 세계적으로 노동자 파업이 전무하거나 잦아드는 것으로 나타나고 있다.

다만 [그림 3-8]에 나타난 바와 같이 한국의 노동손실일 수는 1990년 이후 지속적으로 하락하는 추세를 나타내다가 2016년에 갑자기 급증하는 양상을 보이고 있다. 이처럼 2015~2017년 우리나라의 노동손실일 수가 비교적 높게 나타난 이유는 박근혜 정부의 일방적인 양대 지침 도입 발표를 계기로 2016년 노정갈등에 따른 노동자 총파업의 영향이 큰 것으로 파악된다. 그 결과 2019년 노동손실일 수 순위가 하락하는 결과가 초래되었다.

2016년 박근혜 정부의 노동개혁 5법과 더불어 2대 지침 및 성과연봉제 도입, 단체협약 제도 개선 등 정부 차원에서의 노동개혁 정책 드라이브로 인해 노정갈등이 노동손실일 수를 증가시키는 핵심요인으로 작용한 것으로 분석된다. 실제로 공공, 금융, 보건의료 부문과 철도노조, 민간부문 대기업(현대자동차와 기아자동차 등)의 파업이 장기화되어 외환위기 직후인 2000년(1,894천일) 이후 노동손실일 수가 가장 높은 수준(2,035천일)을 기록했다.

[그림 3-8] 한국의 노동손실일 수

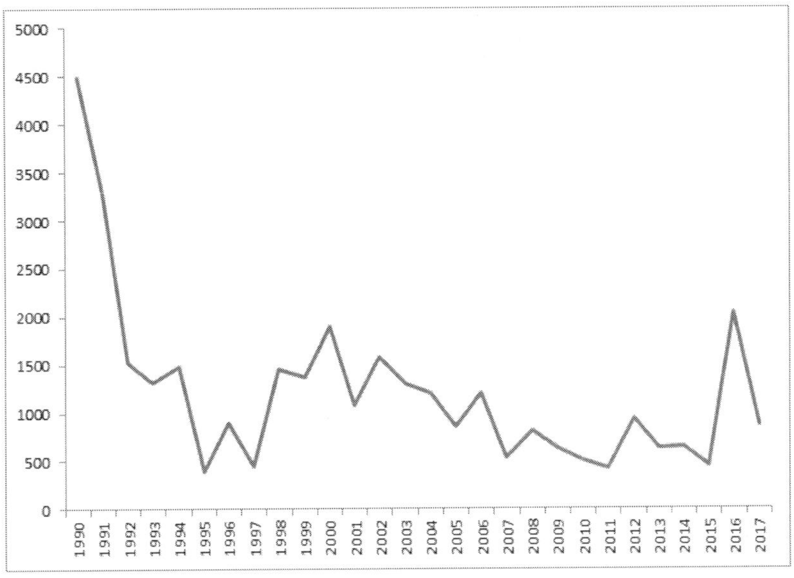

자료: 한국노동연구원, 『2019 KLI 노동통계』

2020년 노사분규 순위도 2016~2018년 자료를 활용한 것이므로 금년도와 순위에서 큰 변동이 없을 것으로 보인다. IMD의 자료 집계 특성상 2016년 노동손실일 수의 영향이 3년간 지속될 수밖에 없는 실정이기 때문이다.

이러한 자료 집계의 특성에 따라 노사분규의 영향을 최소화하려면 정부 차원에서의 급격한 노동개혁 등 노사분규를 일으킬 만한 요소들을 최소화하는 노력이 필요하다. 아울러 금융, 보건의료 등 공공부문을 중심으로 산업별 수준의 노정 간 사회적 대화를 활성화해 나갈 필요가 있다. 특히 대기업 노조들의 임금조정을 위한 사회적 대화가 활발하게 이루어져야 할 것이다. 기업 단위에서의 갈등을 최소화하려면 거시적 수준에서 노정 간 협의와 조정을 통해 노동손실일 수를 최소화해 나가는 노력을 지속적으로 추진해야 할 것이다.

또한 노사관계를 평가하는 경영자들의 인식이 바뀌지 않고 있기 때문에 단기적으로 적대적이고 전투적인 이미지로 각인된 노사관계 이미지에 대한 경영자들의 인식을 개선하는 노력이 필요하고, 중장기적으로 OECD 등에서 추진하고 있는 노동시장 주체들 사이의 조정을 강화하려는 노력을 병행해야 할 것이다.

한국의 노사관계가 안정되는 방향으로 나아가는 근본 이유는 현재의 산업 구조로는 국가경쟁력을 제고하는 데 한계점에 도달하고 있기 때문인 것으로 파악된다. 즉 세계적으로 4차 산업혁명이라는 새로운 혁신주도 경제성장 모델이 대두되면서 기존의 전통제조업의 생존력이 날로 약화되고 있기 때문이다. 현재대로 가면 재벌 대기업 중 상당수가 조만간 대규모 구조조정의 소용돌이에 휩싸일 것으로 전망된다.

결국 한국 노동시장의 새로운 경쟁력 확보 및 제고를 위해서는 인공지능, 빅데이터 등 컴퓨터 기술을 활용하여 무엇인가 새로운 것을 만들어 낼 수 있는 새로운 산업 분야로 나아가지 않으면 안 되는 상황임을 직시할 필요가 있다.

2) 저출산에 따른 경제활동인구 감소가 초래할 회색 코뿔소 대응

중장기적으로 한국 노동시장의 문제점을 더욱 심화시킬 것으로 예상되는 변수는 바로 고질적인 청년 실업률 증대와 신산업 창출의 부진이라고 말할 수 있다. 그 결과 한국 노동시장은 저출산 고령화라는 전대미문의 새로운 상황에 직면하고 있다. 한국의 국가경쟁력을 높은 순위로 뒷받침하고 있는 것은 각종 고용 관련 지표 때문이다. 그런데 청년실업이 심화되고 고용의 질이 낮아지면서 합계출산율이 1.0이 안 되는 등 청년들이 출산을 기피하는 현상이 두드러지고 있다.

<표 3-2> 한국의 노동시장 경제활동인구 순위

연도	2015	2016	2017	2018	2019
노동력	15(61)	15(61)	-	15(63)	15(63)
노동력(%)	16(61)	13(61)	12(63)	11(63)	11(63)
노동력 증가	9(61)	19(61)	-	25(93)	43(63)
노동력 장기증가	-	-	-	-	20(63)

자료: IMD. *World Competitiveness Yearbook*(2015~2019)

주: 1) 노동력은 고용되고 등록된 실업자 수를 가리킴
2) 노동력(%)은 전체인구대비 비중을 나타냄
3) 노동력 증가는 비중(%)의 변화를 가리킴
4) 노동력 장기 증가는 향후 4년 이내 전체인구대비 비중, 비중(%)의 변화 추정치를 가리킴
5) 매년 발표 수치는 전년도말 데이터를 가리킴

그 결과 중장기적으로 노동시장에 진입할 경제활동인구가 감소할 것으로 예상되고 있으나 그 영향은 최소한 몇 년간은 매우 낮을 것으로 예상된다. 2015년부터 2019년까지의 5년간 한국의 노동시장 경제활동인구 순위는 노동력의 수나 노동력의 증가율 모두에서 63개국 중 10위권으로 높은 경쟁력을 보이고 있다(<표 3-2> 참조). 그러나 노동력의 증가 순위의 경우 2018년에 25위로 급격히 하락하다가 2019년에는 43위로 떨어졌다. 현재와 같은 합계 출산율이 지속될 경우 5년 이내에 노동시장의 진입인구가 급락하는 인구절벽 현상이 본격적으로 가시화할 것으로 판단된다. 이는 앞으로 한국사회의 국가경쟁력을 약화시키는 매우 심각한 구조적 요인으로 작용할 것으로 예상된다.

[그림 3-9] 한국의 인구 피라미드(2019년 현재와 2067년 전망)

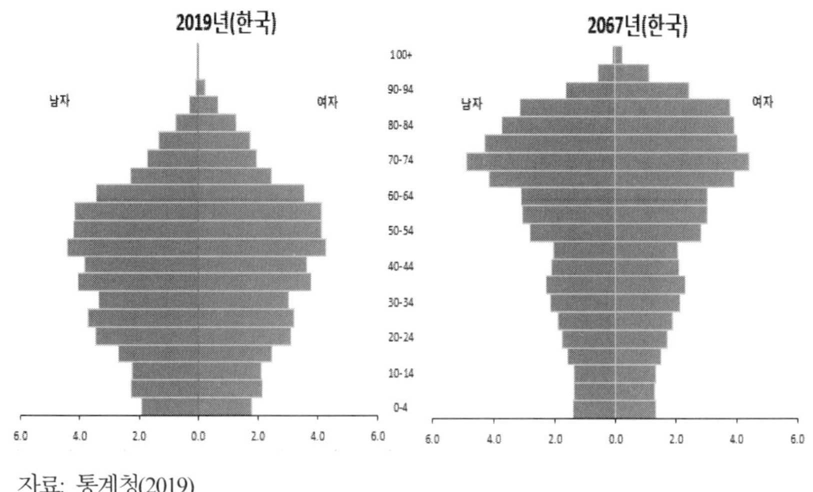

자료: 통계청(2019)

인구구조의 변화가 초래할 한국 노동시장의 위기는 눈으로 보며 예상하면서도 대처하지 못하는 회색 코뿔소가 되어 한국사회를 급습할 것으로 전망된다. [그림 3-9]에 나타난 바와 같이 한국의 인구구조는 2019년에도 낮은 출산율로 인해 노동시장 진입인구가 줄어들고 있는 것으로 나타나고 있다.

2019년 한국의 인구구조를 살펴보면 부양받는 인구보다 부양을 떠맡은 노동시장 인구가 더 많은 것으로 나타나고 있지만 그래프가 아랫부분은 점자 줄어드는 반면 윗부분은 점차 증가하는 구조로 나아가고 있어 향후 5~10년 이내에 노동시장에서 일하는 사람은 적고 부양받는 사람은 폭증하여(특히 노인인구) 연금문제 등 심각한 사회문제가 발생할 것으로 전망된다. 장기적으로 보면 2067년 한국의 인구 피라미드는 노동시장 인구보다 부양받아야 할 고령 인구가 훨씬 많아 거의 재앙 수준에 도달할 것으로 추계된다.

최근 통계청(2019)의 조사결과에 따르면, 2015~2020년 세계 전체와 한국의 인구성장률은 각각 1.1%, 0.3%로 한국이 세계의 1/4 수준에 머물렀다. 더구나 2030~2035년에는 세계 전체 0.8%, 한국 -0.1%, 2060~2065년에는 세계 0.3%, 한국 -1.2% 수준이 될 전망이다([그림 3-10] 참조).

[그림 3-10] 세계와 한국의 인구성장률(연평균) 추이

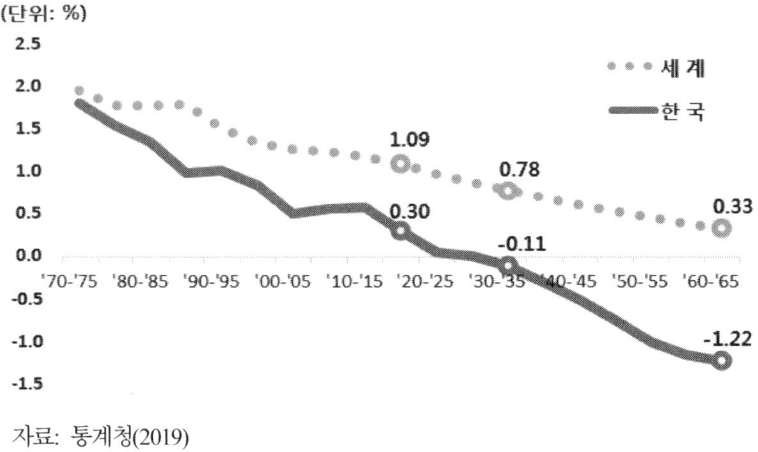

자료: 통계청(2019)

[그림 3-11] 세계와 한국의 고령인구 구성비 추이

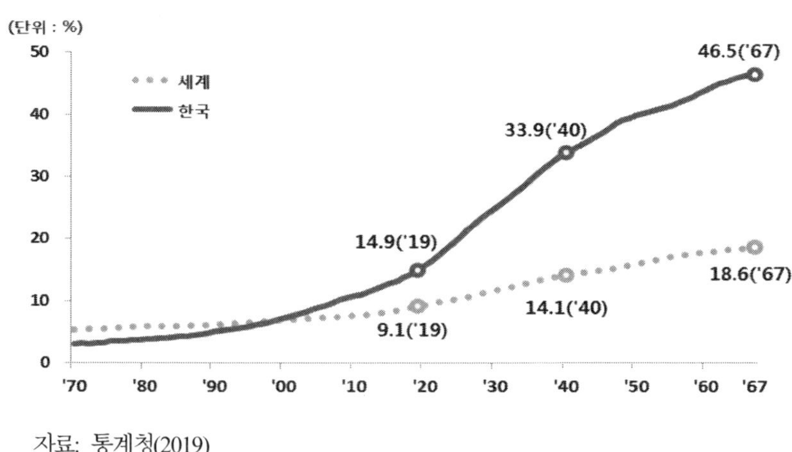

자료: 통계청(2019)

한국은 전 세계에서 가장 빠르게 늙어가는 나라이다. 특히 65세 이상 고령 인구의 비중은 2019년 14.9%에서 2067년 46.5%까지 꾸준히 증가할 것으로 예상된다([그림 3-11] 참조).

통계청이 추산한 장래인구 추계에 따르면 2018년의 출산율을 그대로 유지할 경우 신생아는 2015년 44만 4천여 명에서 2020년 32만 4천명, 2025년 32만 1천 명, 2030년 30만 1천 명, 2035년 25만 3천 명으로 지속적으로 감소하고 있다.

이러한 출생인구의 급감으로 노동시장 유입인구가 줄어듦에 따라 국가 전체적으로 경제의 활력이 저하될 수밖에 없다. 특히 지방경제는 심각한 타격을 입을 수밖에 없을 것으로 전망된다. 무엇보다 지방대학을 중심으로 학생 수 급감 현상이 심화될 것으로 판단된다. 아울러 현재처럼 기업가 정신이 최하위를 유지할 경우 신산업 창출이 제대로 이루어지지 않으면서 신기술 인재들의 한국사회 엑소더스 현상이 발생할 가능성이 상존하고 있다.

한국 노동시장의 구조적 문제점을 현재와 같이 방치할 경우 출산율 저하로 인한 인구 감소만이 아니라 우수 인력의 해외유출로 인해 한국 노동시장의 경쟁력은 더욱 하락할 수밖에 없다.

3) 노동시장의 유연성 문제 대응

한국의 노동시장은 얼마나 경직되어 있는 것인가? IMD의 평가지표로 보면 한국 노동시장은 경직된 것으로 평가하기 어렵다. 먼저 노동시간의 경우를 보면 아래의 <표 3-3>에 나타난 바와 같이 2018년과 2019년 각각 63개국 중 10위, 11위를 차지하여 한국의 노동시간이 여전히 매우 긴 편에 속한다.

IMD의 노동시간 순위는 우리나라 경영자들의 설문조사를 통해 그 점수가 매겨지고 순위가 결정된다. 그 결과 순위가 10위권 밖으로 나타나고 있지만 OECD의 비교에 따르면 실제로 한국의 노동시간은 2017년 꼴찌 멕시코에 뒤이어 뒤에서 2위를 차지한 것으로 나타났다. 다만 연간 2,024시간에 달하던 노동시간은 2018년 주 52시간제의 도입으로 1,986시간으로 줄어들었다.

한국의 경영자들은 전반적으로 장시간 노동을 선호하는 것으로 나타나고 있다. 장시간 노동의 선호는 요소투입형 경제에 의존하는 기존 제조업의 지속에 따른 관행이라고 말할 수 있다. 제조업체들은 일반적으로 노동량의 투입을 늘려서 산출물을 더 많이 얻는 것을 선호한다. 요소투입주도 경제적 요인으로 인해 장시간 노동에 대한 경영자들의 평가가 높게 나타났다. 어쨌든 한국 노동자들이 장시간 노동을 하고 있다는 것은 순위를 통해 확인되었다.

세계 최장의 노동시간을 OECD 평균 수준으로 줄일 경우, 100만여 개의 새로운 일자리를 창출할 수 있다. 주 52시간제 도입은 이 같은 일자리 나누기를 위한 합의라고 평가할 수 있다.

<표 3-3> 한국의 노동시간, 파트타임, 노동동기부여 순위

연도	2015	2016	2017	2018	2019
노동시간	3(61)	24(61)	25(63)	10(63)	11(63)
노동자 동기부여	54(61)	59(61)	59(63)	61(63)	41(63)
파트타임 고용	32(54)	34(53)	-	33(55)	32(54)

자료: IMD. *World Competitiveness Yearbook* (2015~2019)

주: 1) 노동시간은 매년 평균 노동시간(2015년은 2013년 데이터, 나머지는 전년도 데이터)

2) 회사에서 노동자 동기가 높은가 낮은가 설문조사.

3) 파트타임 고용은 전체 고용자 중의 비중을 가리킴(2015년은 2013년 자료)

다음으로, 파트타임 노동자 고용의 순위는 2019년 54개국 중 32위를 차지하여 OECD 평균보다 낮은 중하위 수준을 보여주고 있다. 박근혜 정부에서는 한국 노동시장 유연화의 모델로 네덜란드의 사례를 벤치마킹해왔다. 그러나 네덜란드와 한국은 비교 불가능할 정도로 상이한 사례이다. 단적으로 한국은 장시간 노동, 중저 수준의 파트타임, 취약한 노동자 권리 국가이지만 네덜란드는 한국의 절반 수준의 노동시간과 세계 최고 수준의 파트타임, 강력한 노동자 권리를 특징으로 하고 있기 때문이다.

네덜란드는 1980년대에 실업률이 30%에 달하는 등 엄청난 경제위기를 경험한 바 있다. 이에 네덜란드의 노사는 노동자 임금인상의 억제와 노동시간 단축 및 파트타임 일자리 증가에 합의한 바세나르 협약을 체결했다. 이후 네덜란드 노동시장은 노동자의 복지와 안정성과 유연성을 결합한 이른바 유연안정성

(flexcurity)을 특징으로 하고 있다. OECD를 비롯한 국제기구에서는 네덜란드 사례를 통해 노동시장 유연화와 노동자 안정성이 상호보완적일 수 있다는 점에 주목했다.

2013년을 기준으로 네덜란드 총고용의 50.5%가 파트타임 노동자이다. 파트타임을 늘리는 대신에 노동자들이 그동안 누리던 권리를 그대로 보장하도록 법률로 규정했다. 이에 따라 네덜란드에서는 경력이 있는 사람도 파트타임으로 고용되어 시간제 일을 하는 경우가 일반화되었다. 그럼에도 불구하고 시간당 수당은 동일하게 지급받는다. 노동자 권리도 제대로 보장하고 기업은 필요한 시간만 경력자를 활용하여 비용을 절감하고 있다.

이에 반해 한국의 파트타임은 대부분 알바(아르바이트 노동)를 의미한다. 알바는 저임금과 노동자 권리가 취약하다. 이에 따라 네덜란드에서 파트타임의 증가는 파트타임 정규직의 증가를 의미하지만 한국에서 파트타임의 증가는 저임금 저권리의 임시직 노동자의 증가를 의미한다.

한편, 한국의 노동시장에서 노동동기부여가 전체 63개국 중 2018년 61위에서 41위로 갑자기 순위가 20단계나 껑충 뛰어올라 노동시장 순위가 크게 오르는 결과가 나왔다. 그런데 노동동기부여가 1년 사이에 급증한 이유를 확인하기가 어렵다. 다만 이 수치가 한국 경영자들의 설문조사에 의존한 결과이므로 일관성이 결여되어 있음을 짐작할 수 있다.

한국의 노동동기 부여가 매년 최하위권을 맴돌자 보수언론 등은 한국의 노동자들은 헝그리 정신이 부족하다는 식의 왜곡된 평가를 해왔다. 요컨대 한국 경영자들은 노동동기부여를 그동안 매우 낮게 평가했고 언론은 이를 그대로 보도하여 한국 노동시장의 순위를 왜곡 평가해왔다. 그런데 더 큰 문제는 이러한 일관된 평가가 유지되지 않고 변화하여 1년 만에 국가 순위가 20단계나 상승한 것이다. 노동자들의 노동의욕이 갑자기 급증한 원인이 무엇인지는 불분명하다. IMD가 이러한 항목을 평가하는 근본 이유는 각국의 노동시장에서 우수한 인재를 유치할 수 있는 충분한 동기부여가 이루어지고 있는가 그리고 노동시장이 얼마나 매력적인가를 비교 평가하기 위한 것이다. 그런데 우리나라에서는 이를 노동자의 헝그리 정신으로 평가하며 왜곡해왔다.

진정한 의미에서 한국 노동시장의 매력도를 높이기 위해서는 열심히 일하면 잘 살 수 있다는 확신을 심어주어야 한다는 사실일 것이다. 따라서 그동안 노동동기부여가 최하위권을 맴돌았다는 것은 경영자들 스스로가 노동자들에게 동기부여를 할 수 있는 요인을 제공하지 않았다는 사실을 고백한 것이나 마찬가지이다.

한국 노동시장의 유연성과 관련하여 WEF에서는 추가로 다음과 같은 몇 가지를 평가해왔다. 즉, 정리 해고 비용, 고용과 해고 관행, 임금 결정의 유연성, 노동자 권리 등이 바로 그것이다. 정리해고의 비용은 정리해고에 대한 사전고지 절차의 비용과 노동자 해고시의 해고수당(전년도의 주급으로 환산) 등으로 측정한다. 2018년에 발표한 자료는 2017년의 주급을 나타내고, 이에 대한 자료는 세계은행 그룹에서 가져온 것이다. 우리나라의 정리 해고 비용은 지난 4년 동안 140여 국가 중 112~117위에 달해 최하위 수준을 면치 못하고 있다. 그만큼 노동시장의 경직성이 크다는 사실을 의미한다.

<표 3-4> WEF의 한국 노동시장 관련 지표의 순위

연도	2015	2016	2017	2018
정리해고 비용	117(140)	112(138)	112(137)	114(140)
고용 및 해고 관행	115(140)	113(138)	88(137)	87(140)
임금결정 유연성	66(140)	73(138)	62(137)	63(140)
노동자 권리	-	-	-	108(140)

자료: WEF. *The Global Competitiveness Report*(2015~2018)
주: 1) 정리해고 비용은 봉급을 주는 주(週)의 수를 가리킴
2) 채용과 해고의 관행은 7점 척도 설문조사 결과임
3) 임금결정의 유연성도 7점 척도 설문조사 결과임
4) 노동자의 권리는 0~100점으로 측정

WEF 글로벌 경쟁력 보고서에서 고용과 해고 관행 점수는 7점 척도의 설문조사 응답을 통해 측정되는데, 질문사항은 "귀국에서는 각종 법률(regulations)들이 노동자들에 대해 얼마나 유연한 고용과 해고를 허용하는가?"이다. 이 문항에서 한국은 2018년 140개국 중 87위를 차지하여 2015년과 비교할 경우 28계단이나 상승했다.

임금 결정의 유연성도 경영자들에 대한 설문조사 응답을 점수화한 것이다. 질문은 "귀국은 일반적으로 어떤 방식으로 임금을 결정하는가?"이다. 7점 척도 중에서 '중앙집권화된 교섭과정을

통해서'는 1점, 각 개별 기업에 의해서'는 7점을 부여했다. 이 결과는 분권화된 교섭이 국가경쟁력 제고에 도움을 준다는 가정에 기초하고 있어 OECD와는 다소 상충된다. 그 결과 한국은 140개국 중 63위를 차지한 것으로 나타났다.

WEF의 임금 결정의 유연성 점수는 세계에서 가장 높은 우리나라의 임금 격차, 비정규직 증가 등을 제대로 감안할 수 없으므로 OECD의 연구결과에 따라 수정·보완할 필요가 있는 것으로 판단된다. 분권화된 임금 결정은 노동시장에서의 과도한 임금 불평등을 초래하여 결과적으로 새로운 사회적 비용을 초래할 가능성이 매우 크기 때문이다.

끝으로, 노동자 권리는 2018년부터 새로 추가된 항목이다. 국제적으로 인정된 핵심 노동기준의 보호 수준을 측정하는 국제노동조합총연맹(ITUC)의 글로벌 지표에서 채택된 점수로서, 7점 척도로서 보호가 전무한 경우는 1점, 보호가 높은 경우는 7점을 부여한다. 노동 보호는 시민권, 단체교섭권, 파업권, 자유로운 단결권, 적법한 소송절차를 밟을 수 있는 권리에 대한 접근 등으로 구성되어 있다. 하지만 이 지표에서는 해고규정은 고려하지 않았다.

WEF가 노동자의 권리를 고려하기 시작한 이유는 국제노동기준의 준수가 노동시장의 경쟁력 제고에 기여한다는 점을 인정한데 따른 것이다. 따라서 국제노동기준이 노동시장의 경직성을 강화시켜 결과적으로 국가경쟁력을 저하시킨다는 기존의 인식을 시급히 개선시킬 필요성이 제기되고 있다.

제 4 절

정책적 시사점

노동시장의 안정을 통한 국가경쟁력 강화는 사용자 측의 관용과 조직노동의 순응을 통한 행동조정의 함수라고 말할 수 있다. OECD에서 연구한 결과가 말해주듯이 사회적 조정은 노동시장의 경쟁력을 높일 수 있는 매우 강력한 수단이 될 수 있다. 한국에서는 기업별로 파편화된 임금결정 등 분권화된 단체교섭제도로 인해 노사 간 행동조정이 거의 이루어지지 않고 있다. IMF 위기 이후 노사정위원회를 통해 다양한 문제점들을 평화적으로 해소하였지만, 임금 결정 문제는 조정이 거의 이루어지지 못한 상태로 방치되고 있다.

그 결과 한국 노동시장에서는 임금 불평등이 세계 최대로 확대되고, 청년층 등 노동시장 신규 진입자들을 위한 배려가 이루어지지 못해 청년층 고용의 양과 질이 모두 최악의 상태를 치닫고 있다. 이러한 청년 고용의 악화는 다시 청년층의 출산율 저하로 이어져 한국의 인구구조 피라미드는 아랫부분이 계속 침식당하는 북극의 빙하와 같은 상태로 내몰리고 있다.

한국사회가 노동시장의 누적된 모순을 해소하기 위해서는 노사정 간 긴밀한 사회적 대화의 지속이 필요하다. 이를 통해 노사정 간 신뢰가 축적되어야 진정한 의미에서 노사 간 화해와 협력이 이루어질 수 있을 것이다. 이러한 노사평화를 기반으로 기업은 4차 산업혁명 등 새로운 신기술 분야에 대한 투자를 확대하고, 노동자들은 신기술 교육에 적극적으로 참여하며, 정부는 신기술 습득을 위한 교육과 훈련을 꾸준히 확대해 나갈 때 한국 노동시장은 현재보다 더욱 높은 수준의 경쟁력을 확보할 수 있을 것이다.

4

노동시장 국가경쟁력(2):
임금·젠더 분야 국제비교

제 1 절

임금·보수 분야 국가경쟁력 현황 분석

1) 임금·보수 분야 국가경쟁력 현황

노동시장 국가경쟁력을 분석하기 위해서는 노동자의 보수수준의 적정성 여부에 대해서도 검토해야 한다. 보수수준에는 기본임금과 함께 상여금 그리고 장기근속에 따른 인센티브 등이 포함된다. 일반적으로 임금 및 보수수준은 노동생산성에 기초한 기업의 지불능력, 물가상승률을 고려한 종업원들의 생계비, 동종업종의 임금수준, 노동시장의 수급 관계, 노사관계 등을 고려하여 결정된다(한국은행 2019).

IMD 세계경쟁력 연감 2019년도 보고서에 따르면 우리나라 보수수준의 경쟁력 순위는 조사대상의 61개 국가 중하위권에 머물러 있는 것으로 나타나고 있다. 보수수준의 국가별 경쟁력 순위는 제조업 분야에서의 시간당 총 보상을 의미하는 것으로 2018년도 한국의 보수수준은 2017년 40위에서 2018년에는 61개 국가 중 43위로 3단계 하락했다. 이는 제조업 분야의 보수수준

측면의 국가경쟁력이 다른 국가들에 비해 상대적으로 낮다는 것을 의미한다([그림 4-1] 참조).

[그림 4-1] 국가경쟁력 순위 추이: 보상수준

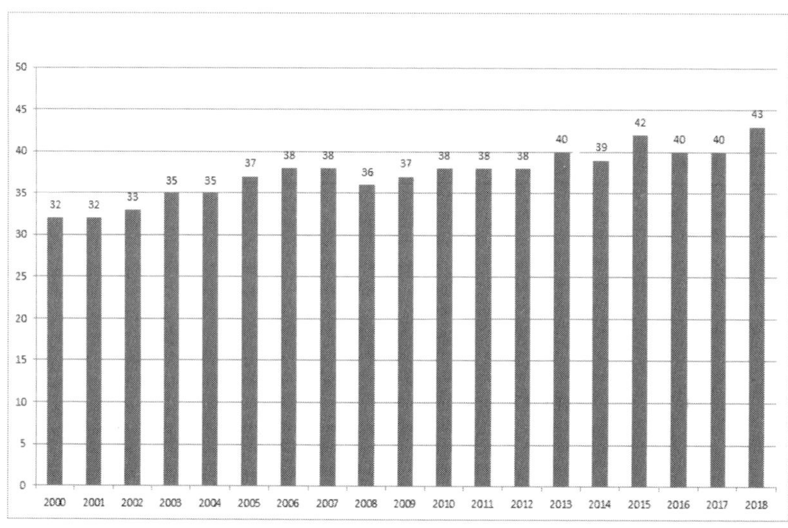

자료: IMD Data-sets(2019)
주: 제조업 분야 총 시간당 보상수준 (US$ 순위)

반면 전체 경제에서의 단위 노동비용의 국가경쟁력 순위는 2015년도 30위에서 2019년에는 61개 국가 중 25위로 5단계 상승했다. 이는 총 경제 분야에서 차지하는 단위 노동비용 차원에서의 국가경쟁력이 상대적으로 향상되었음을 의미한다([그림 4-2] 참조).[1)]

[그림 4-2] 전체 경제에 대한 단위 노동비용 순위 추이

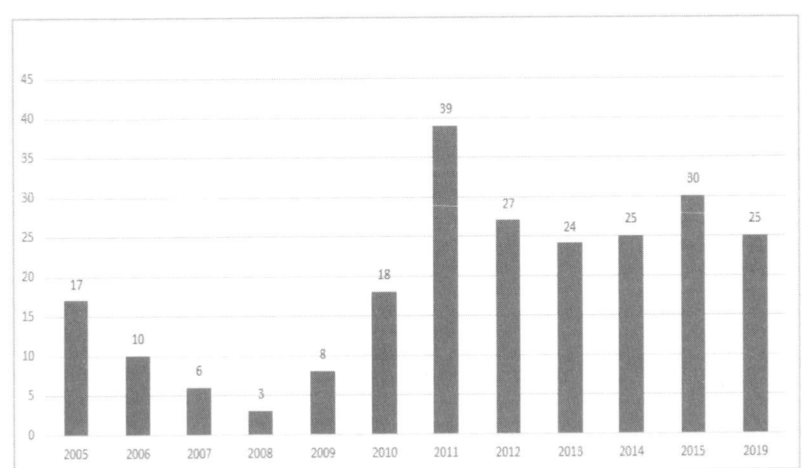

자료: IMD Data-sets(2019)

보너스 등과 같은 부가적 보수를 포함한 총 연 소득으로 평가되는 관리직 보수의 국가경쟁력 순위는 2012년 30위에서 매년 떨어져 2017년에 50위를 기록했으나 2018년에는 3단계 오른 47위로 나타났다.

---

1) 임금상승률이 노동생산성증가율을 상회할 경우 한 단위의 생산에 소요되는 노동투입비용, 즉 단위노동비용이 늘어남으로써 원가상승요인으로 작용하게 된다. 따라서 임금은 노동생산성 범위 내에서 결정되는 것이 바람직한데 이를 위해서는 물가상승의 억제를 통해서 생계비를 일정 수준으로 유지하여 근로자의 과다한 임금인상 요구를 억제하는 한편 노동생산성의 제고로 임금인상이 원가상승이나 기업경쟁력 약화요인이 되지 않도록 하는 것이 필요하다. (한국은행 2019 경제이야기 https://www.bok.or.kr/portal/)

[그림 4-3] 관리직 보수수준 추이

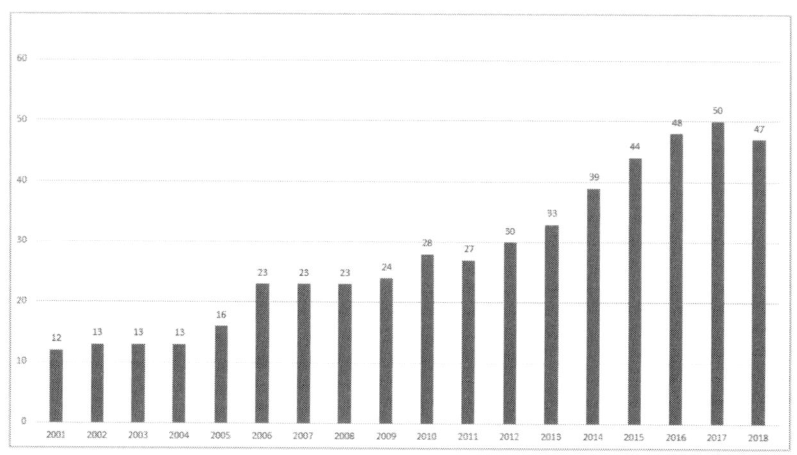

자료: IMD Data-sets(2019)

반면 서비스 직업의 보수의 국가경쟁력 순위는 2018년 31위에서 2019년 전체 국가 61개 국가 중 32위로 한 단계 하락했다. 전체적으로 볼 때 서비스 전문직 보수의 국가경쟁력 순위는 조사대상 61개 국가 중 중간 순위 정도에 머무르고 있다.

2019년도 IMD 세계경쟁력 연감에 따르면 3년 주기로 집계되고 있는 보수 차이의 국가경쟁력 순위는 1997년 5위에서 2015년에는 46위로 크게 떨어졌으며, 2018년도 37위로 다소 상승한 것으로 나타났다. 보수 차이의 국가경쟁력 순위는 개인비서 대비 CEO 보수의 비율을 토대로 한 분석결과로서 개인비서 대비 CEO 보수 비율이 크게 확대되었음을 의미한다. 하위직과 CEO 보수수준의 격차 확대가 전체 국가경쟁력 순위를 크게 떨어뜨리는 데 일조했다고 할 수 있다.

[그림 4-4] 보수 차이에 따른 경쟁력 순위: 개인비서 대 CEO 보수의 비율

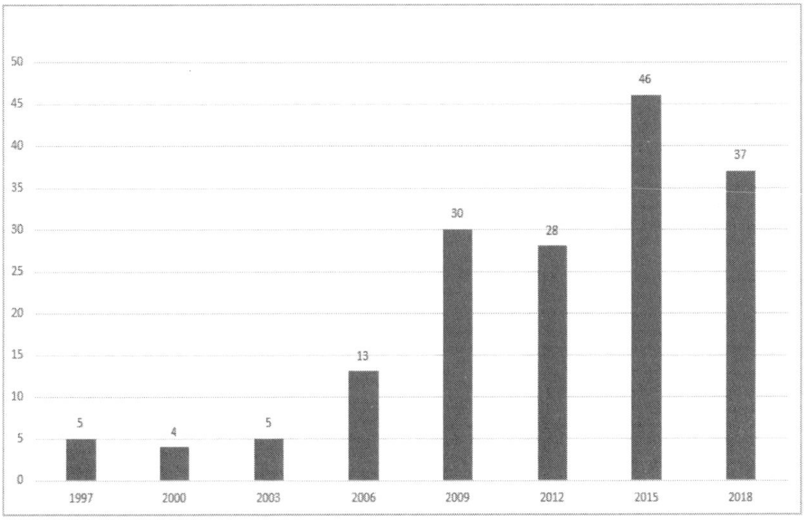

자료: IMD Data-sets(2019)

그럼에도 불구하고 WEF가 발표한 글로벌 경쟁력보고서에 따르면 전문경영인 의존도의 국가경쟁력 순위는 2015년 37위에서 2019년도 54위로 크게 하락했다(<표 4-1> 참조). 이 같은 전문경영인 의존도 순위는 "귀하의 나라에서 누가 회사의 고위 경영진을 맡고 있는가?"라는 질문(능력에 관계없이 친척 또는 친구=1점; 공로와 자격을 기초로 선택된 전문 관리자=7점)에 대한 응답을 토대로 분석한 것으로 우리나라 전문경영인 의존도의 국가경쟁력 순위가 거꾸로 후퇴하고 있음을 알 수 있다.

<표 4-1> WEF 글로벌 경쟁력 추이: 전문 경영인 의존도

분야 연도	2015 (140)	2016 (138)	2017 (137)	2018 (140)	2019 (141)
전문경영인 의존도	37	30	39	61	54

자료: WEF. *The Global Competitiveness Report*(2015~2019)

또 이미 준비된 활용 가능한 유능한 중견 관리자의 국가경쟁력 순위도 2005년 27위에서 매년 순위가 크게 떨어져 2016년에는 52위를 기록했고, 2019년에는 4단계 상승한 48위를 기록해 점차 국가경쟁력이 하락하고 있다([그림 4-5] 참조).

[그림 4-5] 국가경쟁력 순위 추이: 유능한 중견 관리자

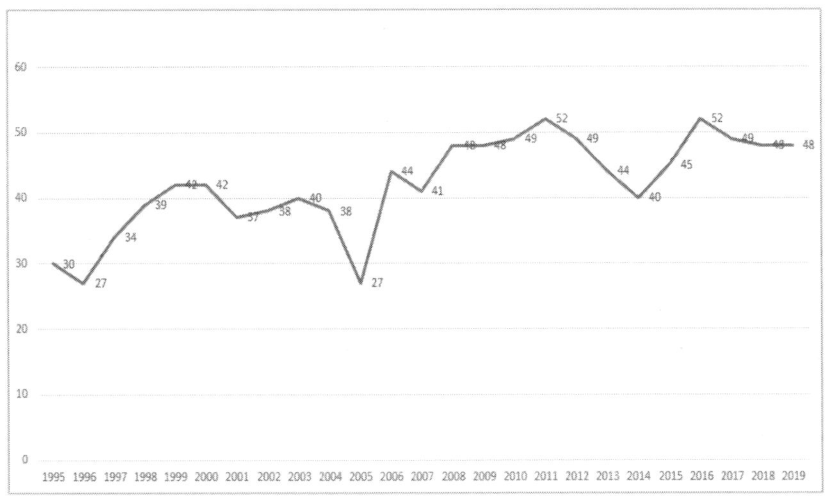

자료: IMD Data-sets(2019)

2) 보수 분야 국가경쟁력 요인 분석

2018년도 IMD 세계 경쟁력 연감에 나타난 국가경쟁력 순위에서 살펴보았듯이 우리나라의 제조업 분야의 시간당 보수수준의 국가경쟁력은 61개 조사대상 국가 중 43위로 하위권에 머물러 있다. 이러한 결과는 보수수준이 낮을수록 국가경쟁력이 높다는 점을 고려하면 부정적인 결과라고만 할 수 없다. 다만 실질임금 및 보수수준에서 국가경쟁력을 갖기 위해서는 임금상승을 뒷받침하기 위한 노동생산성 향상이 전제되지 않으면 안 된다. 또한, 물가상승 억제를 통해 생계비를 일정 수준으로 유지함으로써 노동자의 임금인상 요구율을 낮출 필요가 있다.

<표 4-2> WEF 글로벌 경쟁력 추이: 급여와 생산성

분야 \ 연도	2015 (140)	2016 (138)	2017 (137)	2018 (140)	2019 (141)
급여와 생산성	24	16	15	16	14

자료: WEF. *The Global Competitiveness Report*(2015~2019)

이와 관련하여 WEF의 글로벌 경쟁력 보고서에 나타난 급여와 생산성 관련 국가경쟁력 순위는 2019년 14위로서 2016년 이후 상승 추세에 있는 것으로 나타났다. 하지만 이러한 국가경쟁력 순위는 "귀하의 나라에서 급여는 생산성과 어느 정도 관련이 있다고 생각하는가?"라는 질문(전혀 없다=1점; 매우 크다=7점)에 대한 응답에 기초하여 평가한 것이므로 일정한 한계를 지니고 있다.

[그림 4-6] 실질 임금 및 노동생산성 추이(1970~2015)

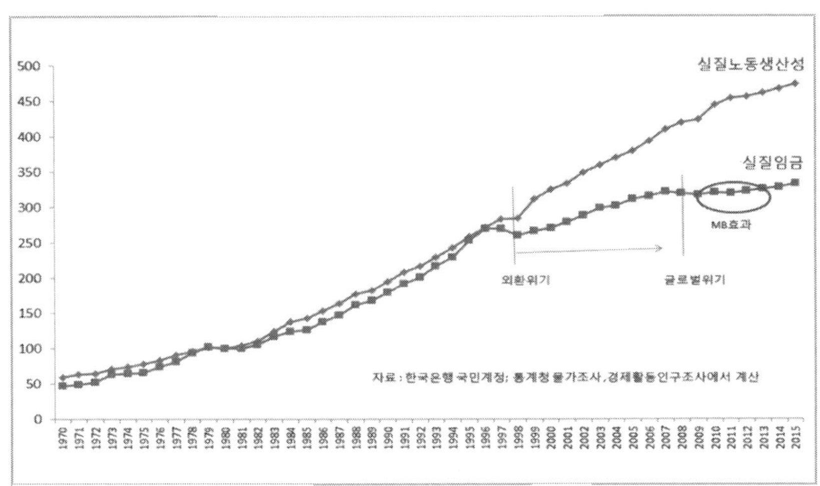

자료: 한국은행 국민계정, 통계청 경제활동인구조사 각 년도, 김유선(2019)에서 재인용

그럼에도 불구하고 여기서 분명한 점은 국내 임금 및 보수수준의 경우 국내 생산성과 밀접한 관련이 있다는 것이다. 이에 반해 김유선(2019)은 오히려 국내 임금의 상승이 경제성장률에도 미치지 못하고 있다는 주장한다. [그림 4-6]에 나타나듯이 국내 실질 노동생산성은 최근까지 꾸준한 상승 추세에 있는 반면, 실질임금 상승률은 1997년 IMF 경제위기 이후 상승 추세가 노동

생산성에 비해 완만해지고 있다.

<표 4-3> 주요 경제지표 대비 실질임금 인상률(2010~2016)

연도	주요 경제지표 (%)					실질임금 인상률 (%)		
	경제 성장률	물가 상승률	취업자 증가율	성장률 + 물가 상승률	성장률 - 취업자 증가율	노동부 상용직		한은 피용자
						10인이상	5인이상	1인당 보수
2010	6.5	2.9	1.5	9.4	5.0	3.5	3.4	0.8
2011	3.7	4.0	2.1	7.7	1.6	-4.5	-4.8	-0.6
2012	2.3	2.2	1.7	4.5	0.6	3.3	3.0	1.0
2013	2.9	1.3	1.4	4.2	1.5	2.4	2.5	1.2
2014	3.3	1.3	2.4	4.6	0.9	1.6	1.1	0.5
2015	2.8	0.7	1.1	3.5	1.7	2.6	2.6	2.5
2016	2.8	1.0	0.9	3.8	1.9	2.9	2.8	2.9
2000~16	4.2	2.6	1.4	6.8	2.8	2.6	2.5	1.5
김대중	6.9	3.1	2.2	10.0	4.7	5.2	4.9	2.7
노무현	4.5	2.9	1.2	7.4	3.3	3.7	3.6	2.1
이명박	3.2	3.3	1.2	6.5	2.0	0.2	0.2	0.0
박근혜	3.0	1.1	1.4	4.0	1.5	2.4	2.2	1.8

자료: 노동부 사업체노동력조사; 통계청 KOSIS; 한국은행 국민계정; 김유선(2019)에서 재인용

실제로 2010~2016년 동안의 국내 성장률과 물가상승률을 고려해 볼 때 국내 5인 이상 상용직의 평균 실질임금 인상률은 2.5%로 같은 기간 평균 경제성장률 4.2%와 물가상승률 2.6%를

고려할 때 여전히 경제성장률에는 물론이고 물가상승률에도 미치지 못하고 있다.

[그림 4-7] OECD 국가의 임금 불평등 현황

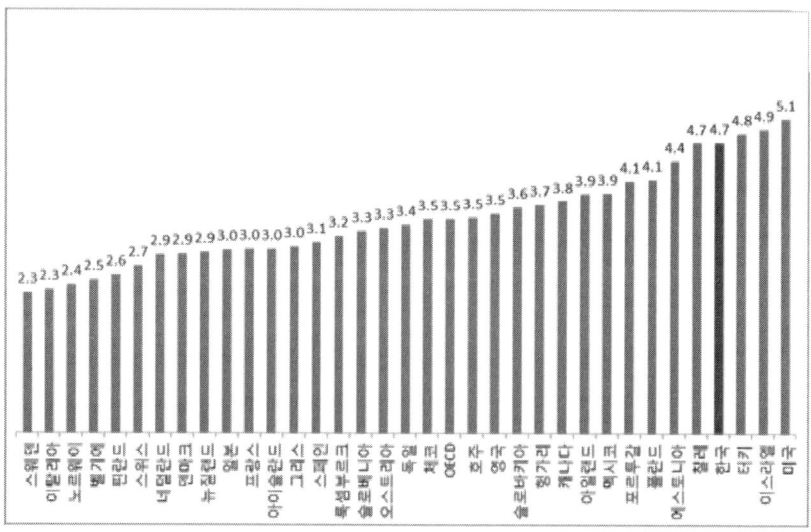

자료: OECD(2015), 김유선(2019)에서 재인용

이에 따라 국내 노동자 사이의 임금 불평등도 점차 커지고 있다. 우리나라의 상위 10분위(D9)와 하위 10분위(D1) 간의 임금 격차는 4.7배(2013년 기준)로 미국(5.1배), 이스라엘(4.9배), 터키(4.8배)에 이어 네 번째로 불평등이 심한 것으로 나타났다. 이러한 국내 임금 불평등은 다수 인종으로 구성된 미국이나 이스라엘과 달라 사회문제의 심각성을 다시금 인식할 필요가 있다.

특히 우리나라의 중위임금의 2/3 수준 이하의 저임금 계층의 비율은 2013년 기준으로 24.7%로 OECD 국가 중 미국의 25%에 이어 두 번째로 높게 나타났다([그림 4-8] 참조).

[그림 4-8] OECD 국가의 저임금 계층 비율: 2013

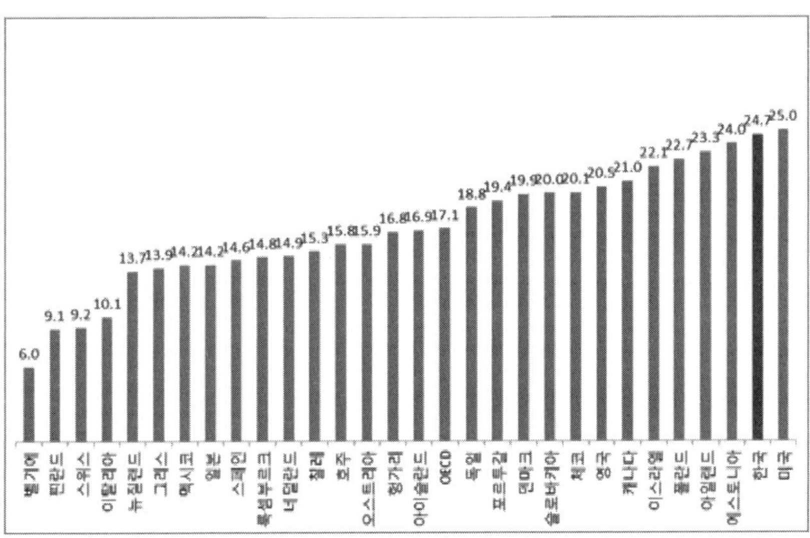

자료: OECD(2015), 김유선(2019)에서 재인용

<표 4-4>에 나타나듯이, 2018년 8월 경제활동인구 부가조사 결과 300인 이상의 대기업 정규직의 월 임금 총액을 100으로 가정했을 때, 30인 이상 99인을 고용하는 중소기업의 정규직 임금은 70.9%, 비정규직 임금은 40.8%로서 임금 불평등이 매우 심각한 수준임을 알 수 있다.

<표 4-4> 월 임금 총액과 임금 격차

사업장 규모	월임금총액 (만원)			임금격차 1(%)		임금격차 2(%)	
				300인 이상 정규직 =100		규모별 정규직 =100	
	정규직	비정규직	노동자	정규직	비정규직	정규직	비정규직
1-4인	240	128	159	58.2	31.0	100.0	53.3
5-9인	265	156	206	64.2	37.8	100.0	58.8
10-29인	293	168	241	70.9	40.8	100.0	57.5
30-99인	323	191	287	78.4	46.3	100.0	59.0
100-299인	345	221	318	83.7	53.7	100.0	64.2
300인 이상	412	261	391	100.0	63.2	100.0	63.2
전 규모	321	163	256	77.7	39.4	100.0	50.7

자료: 통계청, 경제활동인구조사부가조사(2018년 8월); 김유선(2019)에서 재인용

또 전체 노동자 중 최저임금 미달자 비율은 15.5%로 나타나고 있으며, 1~4인의 영세 중소기업에 종사하는 비정규직 노동자의 경우 최저임금 미달자의 비중은 46.2%로서 절반에 육박하고 있다. 또한 비정규직 노동자의 국민연금 가입률은 33.0%에 불과한 것으로 나타나고 있다(<표 4-5> 참조). 요컨대 우리나라의 임금 불평등과 소득 격차, 그리고 사회보험 가입률도 OECD 국가 중 가장 심각한 수준이다.

<표 4-5> 최저임금 미달자와 국민연금 가입률

사업장 규모	최저임금 미달자 비율 (%)			국민연금 가입률 (%)		
	정규직	비정규직	노동자	정규직	비정규직	노동자
1-4인	10.8	46.2	36.3	88.9	15.8	36.3
5-9인	5.4	31.7	19.6	94.0	29.0	58.8
10-29인	4.2	30.1	14.9	94.5	37.3	70.8
30-99인	2.9	18.9	7.3	95.4	47.9	82.3
100-299인	2.7	15.7	5.5	97.0	63.6	89.8
300인 이상	0.7	12.4	2.3	99.1	74.2	95.6
전 규모	3.8	32.5	15.5	95.3	33.0	69.8

자료: 통계청, 경제활동인구조사부가조사(2018. 8); 김유선(2019)에서 재인용

제 2 절

젠더 분야 국가경쟁력 현황 분석

1) 젠더 분야 국가경쟁력 현황

IMD 세계 경쟁력 연감 2018년도 보고서에 따르면, 전체 노동력에서 여성 노동력이 차지하는 비율의 국가별 순위에서 우리나라는 전체 조사대상 61개국 중에서 44위로 전년도 대비 4단계 상승했으나, 1995년 26위, 2000년 33위, 2017년 48위로 국가경쟁력 순위가 지속적인 하락 추세에 있다([그림 4-9] 참조).

[그림 4-9] 여성 노동력 국가경쟁력 순위 추이

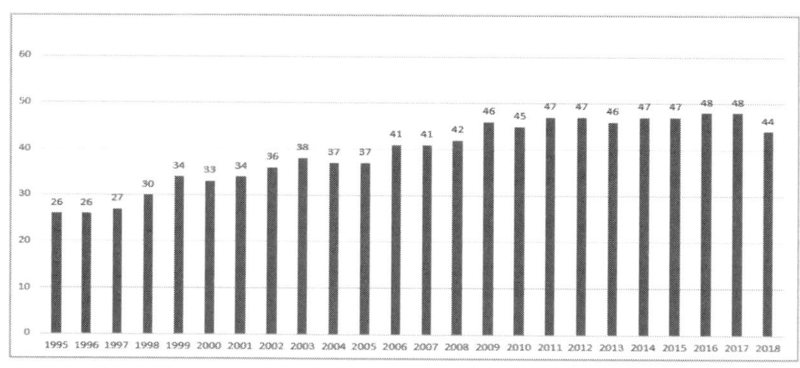

자료: IMD, *World Competitiveness Yearbook* data sets

이처럼 여성 노동력의 국가경쟁력 순위가 매우 낮은 수준을 보여주고 있다는 점은 WEF에서 매년 발표하는 글로벌 경쟁력 보고서에서도 확인되고 있다(<표 4-6> 참조).

<표 4-6> WEF 글로벌 경쟁력 추이: 남성 대비 여성 임금 노동자 비율(%)

분야/연도 (대상국)	2015 (140)	2016 (138)	2017 (137)	2018 (140)	2019 (141)
남성대비 여성 임금노동자 비율	91*	90*	90*	53	59

자료: WEF. *The Global Competitiveness Report*(2015~2019).
주: * 2015-2017년도 순위는 전체 노동력에서 여성 노동자 참여비율

WEF에서 발표하고 있는 전체 노동력에서 여성 노동자 참여비율의 우리나라 글로벌 경쟁력 순위는 2017년 90위로 중하위권에 속하고 있다. 다만 2018년 이후 글로벌 경쟁력 보고서에서는 15~64세 남성 대비 여성 임금노동자 비율로 지표를 바꾸어 국가경쟁력 순위를 발표하고 있다. 이에 따르면 우리나라의 글로벌 경쟁력 순위는 2018년 140개 조사대상 국가 중 53위에서 2019년 141개 조사대상 국가 중 59위로 4단계 하락한 것으로 나타났다.

IMD 세계 경쟁력 연감에서 발표한 전체 노동력 중 외국인 노동력 비율의 우리나라 경쟁력 순위는 2006년 32위, 2017년 30위, 2018년에는 14위를 기록하고 있다. 전체적으로 볼 때 외국인 노동력 비율은 조사대상 61개 국가 중 중간 순위인 것으로 나타난다. 다만 외국인 노동력 비율의 우리나라의 경쟁력이 2017년

30위에서 2018년 14위로 크게 상승한 이유에 대해서는 추가적인 분석이 요구된다. 국가경쟁력 순위의 이러한 급격한 변화는 IMD 세계 경쟁력 연감의 분석결과의 신뢰성에 대해 의심을 자초하는 요인이 되고 있다.

[그림 4-10] 국가경쟁력 순위 추이: 외국인 노동력 비율

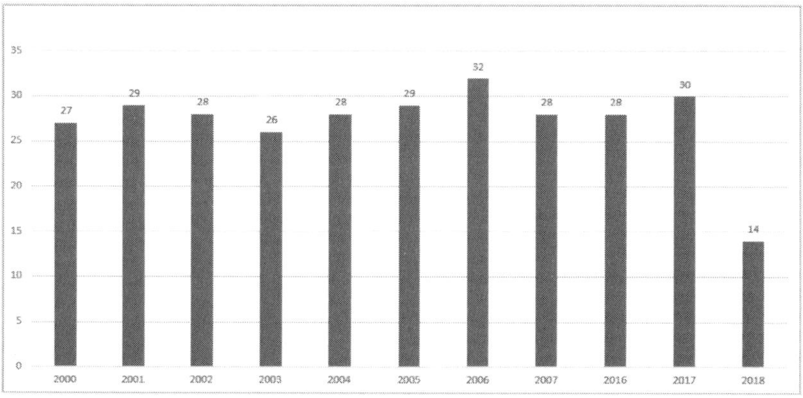

연도	2000	2001	2002	2003	2004	2005	2006	2007	2016	2017	2018
순위	27	29	28	26	28	29	32	28	28	30	14

자료: IMD, *World Competitiveness Yearbook* data sets

<표 4-7> WEF 글로벌 경쟁력 추이: 외국인 노동자 고용 용이성과 국내 노동 이동성 (순위)

분야 \ 연도	2015 (140)	2016 (138)	2017 (137)	2018 (140)	2019 (141)
노동시장	-	77	73	48	51
외국인 노동자 고용 용이성	-	-	-	104	100
국내 노동 이동성	-	-	-	75	70

자료: WEF. *The Global Competitiveness Report*(2015~2019)

2018년 이후 WEF 글로벌 경쟁력 보고서에서는 외국인 노동 고용 용이성을 새로운 지표로 포함했다. 이 지표는 외국인 노동에 고용에 관한 규제에 관한 것으로 “귀한의 나라에서 외국인 노동 고용과 관련한 규제는 얼마나 제한적인가?”라는 질문(매우 제한적=1점; 전혀 제한되지 않음=7점)에 대한 응답에 기초했다. 이 항목에서 우리나라의 국가경쟁력 순위는 2019년 조사대상 141개 국가 중 100위를 기록하여 하위권에 속한 것으로 나타났다. 이러한 순위는 외국인 노동자 고용에 대한 규제가 매우 심하다는 것을 입증하고 있다.

또한 국내 노동 이동성에 관한 지표도 새로 포함되었는데 이 지표는 “귀하의 나라에서는 사람들이 특별한 사유로 다른 지역으로 어느 정도 이동하는가?”라는 질문(전혀-1점; 크게-7점)에 대한 응답에 기초했다. 이 항목에서 우리나라의 글로벌 경쟁력 수준은 2019년 70위로 조사대상 141개 국가 중 중간 순위를 기록하고 있다.

2) 젠더 분야 국가경쟁력 요인 분석

앞서 살펴보았듯이 IMD 세계경쟁력연감과 WEF 글로벌 경쟁력 보고서에 나타나듯이 우리나라의 젠더 분야 국가경쟁력 순위는 지속적으로 하락하는 추세로 조사대상 국가 중에도 중하위권을 벗어나지 못하고 있다.

실제로 우리나라의 2018년 여성 고용률은 50.9%로 남성 고용률 70.8%보다 19.9% 낮은 것으로 나타났다. 남성 고용률은 점차 줄어들고 있는 반면, 여성 고용률은 완만한 증가세를 보여 남성 고용률과 여성 고용률의 격차는 점차 줄어드는 추세에 있다. 하지만 여성 고용률은 여전히 다른 OECD 국가에 비해 낮은 것으로 나타났다.

반면 2018년 여성 실업률은 3.7%로 남성 실업률 3.9%보다는 0.2% 낮게 집계되었다(<표 4-8> 참조).

[그림 4-11] 여성 고용률 및 실업률 추이

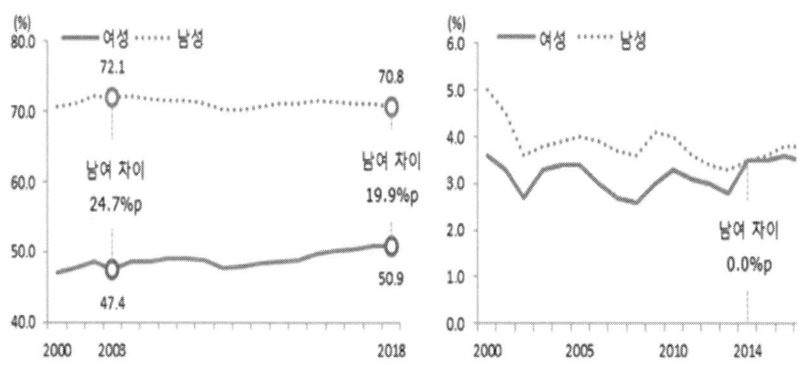

자료: 통계청, 「경제활동인구조사」 각년도

<표 4-8> 고용률 및 실업률 추이 (단위 : %, %p)

	고용률[1]				실업률[2]			
	전체	여성	남성	차이(남-여)	전체	여성	남성	차이(남-여)
2000	58.5	47.0	70.8	23.8	4.4	3.6	5.0	1.4
2005	59.9	48.6	71.9	23.3	3.7	3.4	4.0	0.6
2008	59.8	48.9	71.2	22.3	3.2	2.6	3.6	1.0
2010	58.9	47.9	70.3	22.4	3.7	3.3	4.0	0.7
2014	60.5	49.7	71.7	22.0	3.5	3.5	3.5	0.0
2015	60.5	50.1	71.4	21.3	3.6	3.5	3.6	0.1
2016	60.6	50.3	71.2	20.9	3.7	3.6	3.8	0.2
2017	60.8	50.8	71.2	20.4	3.7	3.5	3.8	0.3
2018	60.7	50.9	70.8	19.9	3.8	3.7	3.9	0.2

자료 : 통계청, 「경제활동인구조사」 각년도, 여성가족부(2019)에서 재인용
주: 1) 15세 이상 인구 중 취업자가 차지하는 비율
2) 15세 이상 경제활동인구 중 실업자가 차지하는 비율

[그림 4-12]에 나타나듯이 연령대별 여성 고용률은 20대 후반이 70.9%로 가장 높고, 이어서 40대 후반(68.7%), 50대 초반(66.8%) 순으로 높게 나타났다. 대체로 여성 고용률은 30대에 결혼·임신·출산·육아 등으로 감소한 후 40대를 기점으로 다시 재취업이 증가하는 M자형을 보여주고 있다.

[그림 4-12] 연령대별 여성 고용률 추이 비교

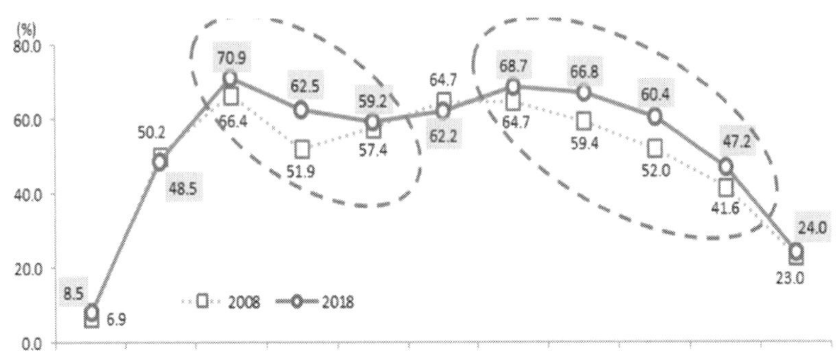

자료 : 통계청, 「경제활동인구조사」

<표 4-9> 연령대별 여성 고용률 추이 (단위 : %, %p)

	전 체	15~19세	20~24세	25~29세	30~34세	35~39세	40~44세	45~49세	50~54세	55~59세	60~64세	65세 이상
2000	47.0	10.8	56.3	53.7	47.3	57.8	62.0	63.3	54.2	50.4	45.5	22.6
2005	48.6	9.0	57.2	63.1	48.6	57.3	64.1	61.7	57.5	48.4	42.9	22.3
2008	48.9	6.9	50.2	66.4	51.9	57.4	64.7	64.7	59.4	52.0	41.6	23.0
2010	47.9	7.7	48.8	66.1	53.0	54.4	64.1	64.2	60.1	52.4	40.4	21.4
2015	50.1	8.8	50.8	68.5	59.6	54.2	62.9	68.6	66.0	57.3	47.5	22.7
2016	50.3	8.8	50.5	69.3	59.9	56.5	62.9	68.5	65.9	57.6	48.1	23.0
2017	50.8	9.3	49.7	69.6	61.0	58.1	61.8	69.7	66.3	59.6	48.4	23.5
2018	50.9	8.5	48.5	70.9	62.5	59.2	62.2	68.7	66.8	60.4	47.2	24.0
차이 ('18-'08)	2.0	1.6	-1.7	4.5	10.6	1.8	-2.5	4.0	7.4	8.4	5.6	1.0
차이 ('18-'17)	0.1	-0.8	-1.2	1.3	1.5	1.1	0.4	-1.0	0.5	0.8	-1.2	0.5

자료 : 통계청, 「경제활동인구조사」 각년도, 여성가족부(2019)에서 재인용

[그림 4-13] OECD 국가 여성고용률 비교(2015)

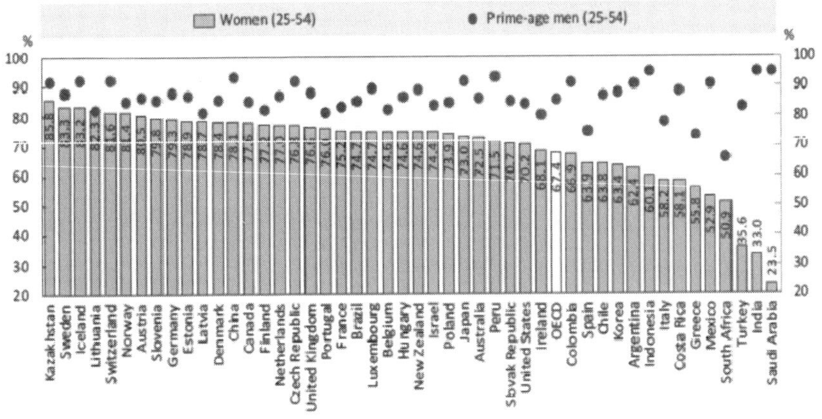

자료: OECD data-sets

우리나라의 2018년도 전체 여성 고용률은 50.9%로 다른 OECD 국가와 비교해볼 때 매우 낮은 수준에 머무르고 있다. [그림 4-13]에 나타나듯이 스웨덴, 아이슬란드, 리투아니아, 스위스, 노르웨이, 오스트리아 등 유럽 국가들의 경우 25~54세 여성 고용률(2015년도 기준)은 80%대를 웃돌고 있다. 반면 우리나라의 경우 63.4%(2015년도 기준)로 OECD 국가 평균 여성 고용률 67.4%에 미치지 못하고 있는 것으로 나타나고 있다. 여성 노동자들의 경우 고용형태에서도 정규직보다는 시간제 근로자가 많아 고용의 질 측면에서도 상대적으로 열악한 것으로 나타났다. 2018년 기준 파트타임 등 시간제 여성 노동자 수는 전체 비정규직 여성 노동자의 53.6%인 197만 1천여 명으로 나타나 남성 시간제 노동자 73만 7천 명을 크게 웃돌고 있다.

[그림 4-14] 여성 비정규직 및 시간제노동자 추이(2018)

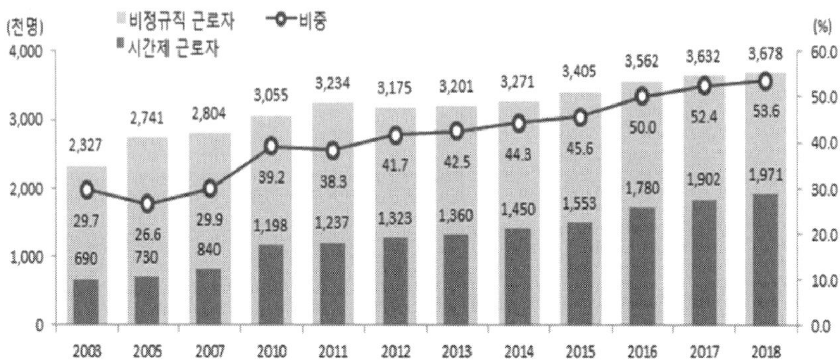

자료: 통계청, 「경제활동인구조사」 근로형태별 부가조사

<표 4-10> 비정규직 및 시간제노동자 변화 추이 (단위 : 천명, %, %p)

	여성			남성			차이 (A-B)
	비정규직	시간제	구성비(A)	비정규직	시간제	구성비(B)	
2005	2,741	730	26.6	2,727	307	11.3	15.3
2008	2,766	858	31.0	2,722	373	13.7	17.3
2010	3,055	1,198	39.2	2,659	425	16.0	23.2
2011	3,234	1,237	38.3	2,819	470	16.7	21.5
2012	3,175	1,323	41.7	2,779	505	18.2	23.5
2013	3,201	1,360	42.5	2,776	523	18.8	23.7
2014	3,271	1,450	44.3	2,852	584	20.5	23.8
2015	3,405	1,553	45.6	2,903	684	23.5	22.0
2016	3,562	1,780	50.0	2,919	707	24.2	25.8
2017	3,632	1,902	52.4	2,946	761	25.8	26.6
2018	3,678	1,971	53.6	2,936	737	25.1	28.5
전년대비	46	69	1.2	-10	-24	-0.7	1.9

자료: 통계청, 「경제활동인구조사 근로형태별 부가조사」, 여성가족부(2019) 재인용

한편, 2018년 상용노동자 5인 이상 사업체의 여성 평균 근속년수는 4.9년, 월 근로시간은 160.1시간, 월평균 임금은 244만 9천 원으로 남성 노동자 대비 평균 근속년수는 2.5년 짧고, 월 근로시간은 11.9시간 적을 뿐 아니라 임금도 남성 노동자의 68.8% 수준으로 나타났다(<표 4-11> 참조).

[그림 4-15] 근로시간과 임금수준 변화 추이

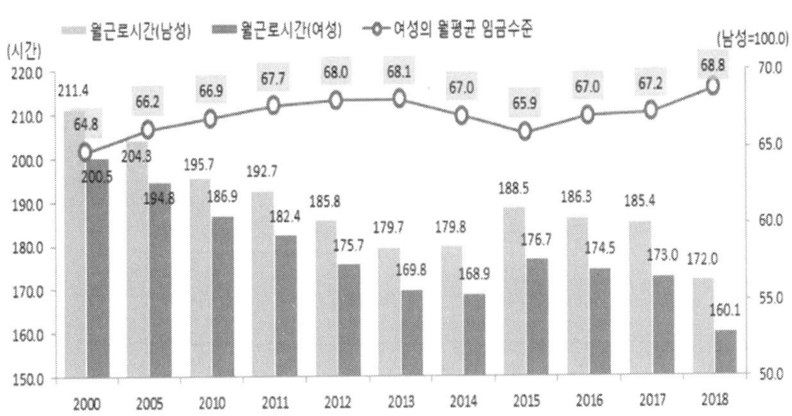

자료: 고용노동부, 「고용형태별 근로실태조사보고서」

<표 4-11> 근로시간과 임금수준 추이[1] (단위 : 년, 시간, 천원, %)

	평균근속년수			월근로시간			월평균임금		
	남성	여성	차이 (남-여)	남성	여성	차이 (남-여)	남성	여성	비율[2]
2005	6.6	4.0	2.6	204.3	194.8	9.5	2,109	1,396	66.2
2008	6.7	4.1	2.6	191.6	182.6	9.0	2,527	1,681	66.5
2010	7.0	4.4	2.6	195.7	186.9	8.8	2,648	1,772	66.9

2011	7.0	4.3	2.7	192.7	182.4	10.3	2,750	1,862	67.7
2012	7.1	4.4	2.7	185.8	175.7	10.1	2,878	1,958	68.0
2013	7.3	4.6	2.7	179.7	169.8	9.9	2,986	2,033	68.1
2014	6.9	4.5	2.4	179.8	168.9	10.9	3,122	2,092	67.0
2015	7.1	4.6	2.5	188.5	176.7	11.8	3,215	2,119	65.9
2016	7.3	4.8	2.5	186.3	174.5	11.8	3,289	2,203	67.0
2017	7.2	4.7	2.5	185.4	173.0	12.4	3,418	2,298	67.2
2018	7.4	4.9	2.5	172.0	160.1	11.9	3,562	2,449	68.8

자료: 고용노동부, 「고용형태별 근로실태조사보고서」 각년도
주: 1) 상용근로자 5인 이상 사업체 대상
2) 남성 = 100.0일 때의 여성 월평균임금 비율임

[그림 4-16] OECD 주요 국가 성별 임금 격차 비교

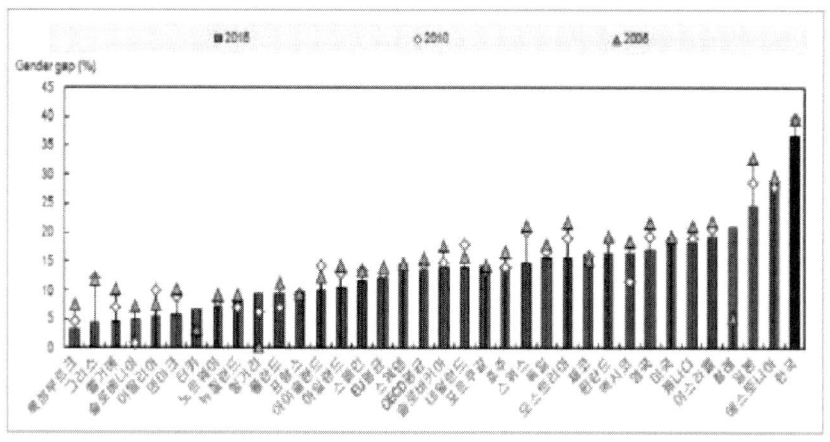

구분	노르웨이	프랑스	스웨덴	OECD	네덜란드	독일	영국	미국	일본	한국
2016	7.1	9.4	13.4	13.5	14.1	15.5	16.8	18.1	24.6	36.7
2010	8.1	9.1	14.3	14.4	17.9	16.6	19.2	18.8	28.7	39.6
2006	9.2	9.9	14.6	15.6	16.0	18.1	21.7	19.2	33.0	39.8

자료: OECD Employment Database

[그림 4-16]이 보여주듯이 우리나라의 성별 임금 격차는 OECD 국가 중 가장 큰 것으로 나타났다. 2016년도 기준 우리나라의 성별 임금 격차는 36.7%로 매년 조금씩 줄어들고 있으나 노르웨이(7.1%), 프랑스(9.4%), 스웨덴(13.4) 등 다른 OECD 국가들과 비교할 경우 격차가 가장 큰 것으로 나타났다.

또한, 2018년 4월 기준 여성 노동자의 사회보험 가입률은 국민연금 66.1%, 건강보험 69.0%, 고용보험 66.6%로 전년도 대비 국민연금 1.7%p, 건강보험 0.2%p, 고용보험 0.5%p 각각 증가한 것으로 나타났다. 하지만 여성 노동자의 사회보험 가입률은 남성 노동자 대비 각각 국민연금 9.1%p, 건강보험 10.5%p, 고용보험 10.0%p 낮은 것으로 드러났다.

[그림 4-17] 사회보험 가입률 변화 추이

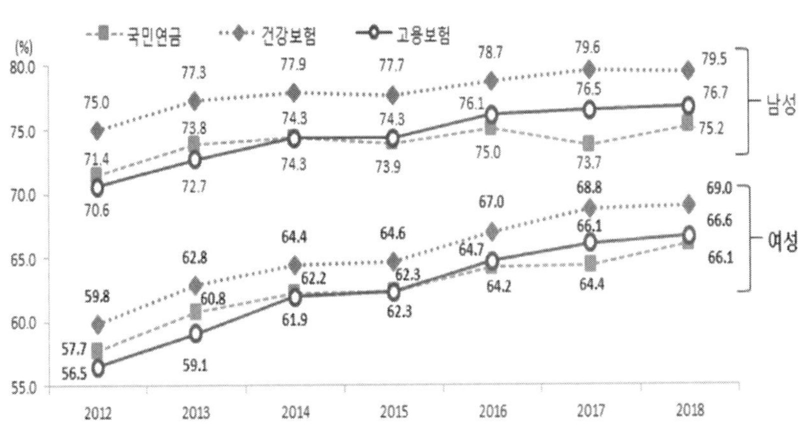

자료 : 통계청, 「지역별고용조사」

<표 4-12> 사회보험 가입률 (단위 : %, % p)

		2012[1)]	2013	2014	2015	2016	2017	2018	증감
여성	국민연금[2)3)]	57.7	60.8	62.2	62.2	64.2	64.4	66.1	1.7
	건강보험[2)]	59.8	62.8	64.4	64.6	67.0	68.8	69.0	0.2
	고용보험	56.5	59.1	61.9	62.3	64.7	66.1	66.6	0.5
남성	국민연금[2)3)]	71.4	73.8	74.3	73.9	75.0	73.7	75.2	1.5
	건강보험[2)]	75.0	77.3	77.9	77.7	78.7	79.6	79.5	-0.1
	고용보험	70.6	72.7	74.3	74.5	76.1	76.5	76.7	0.2
차이 (남-여)	국민연금[2)3)]	13.7	13.0	12.1	11.7	10.8	9.3	9.1	-0.2
	건강보험[2)]	15.2	14.5	13.5	13.1	11.7	10.8	10.5	-0.3
	고용보험	14.1	13.6	12.4	12.2	11.4	10.4	10.0	-0.4

자료: 통계청, 「지역별고용조사」 각년도 4월, 여성가족부(2019)에서 재인용
주: 1) 2012년은 6월 자료임
2) 직장가입자만 집계하였으며 지역가입자, 수급권자, 피부양자는 제외
3) 공무원, 사립학교 교직원, 별정우체국 직원 등 특수직역연금 포함

한편 정부의 적극적 고용개선조치(AA)[2)] 결과로 2018년 공공기관 및 500인 이상 대규모 사업장의 관리자 중 여성 비율은 20.6%로서 2008년 12.5%에서 8.1% 포인트 증가했다. 특히 공공

2) 적극적 고용개선조치(Affirmative Action)란 고용상 성차별 해소 또는 평등 촉진을 위해 특정성을 잠정적으로 우대하는 조치(2006년 도입)로서 공공기관 및 500인 이상 사업장을 대상으로 여성 노동자 및 관리자 비율이 규모별, 동종 업종 평균의 70%에 미달한 기업에게 시행계획서를 제출하도록 하고, 그 이행실적을 점검하는 제도라고 할 수 있다(여성가족부, 2019).

기관에서의 여성 관리자 비율은 2008년 6.4%에서 2018년 17.3%로 약 2.7배 늘어난 반면, 민간기업은 2008년 13.0%에서 2018년 21.5%로 1.6배 증가한 것으로 나타났다.

[그림 4-18] 여성 관리자 비율 추이

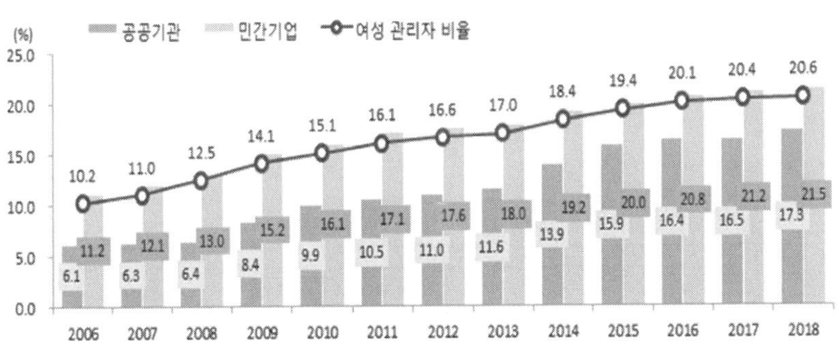

자료: 고용노동부, 「적극적 고용개선조치 결과」

<표 4-13> 여성 관리자 비율 (단위 : %, %p)

	2008	2010	2011	2012	2013	2014	2015	2016	2017	2018	증감
여성 관리자	12.5	15.1	16.1	16.6	17.0	18.4	19.4	20.1	20.4	20.6	0.2
공공기관	6.4	9.9	10.5	11.0	11.6	13.9	15.9	16.4	16.5	17.3	0.8
민간기업	13.0	16.1	17.1	17.6	18.0	19.2	20.0	20.8	21.2	21.5	0.3

자료: 고용노동부, 「적극적 고용개선조치 결과」 각 년도(미승인 통계): 여성가족부 (2019)

주: 상시근로자 500인 이상을 고용하고 있는 민간기업 및 공공기관

* 여성 관리자 비율은 개별기업의 고용비율을 평균하여 산출하므로 단순 평균과는 차이가 있음

하지만 다른 OECD 국가와 비교해 볼 때 우리나라의 여성 관리자 비율은 여전히 매우 낮은 것으로 나타나고 있다. 영국 『이코노미스트』(*Economist*)가 세계 여성의 날을 맞아 발표한 '2019년 유리천장 지수'에 따르면 우리나라는 조사대상 OECD 29개 회원국 중 최하위로 나타났다.[3)]

[그림 4-19] OECD 국가의 유리천장 지수 비교: 2018

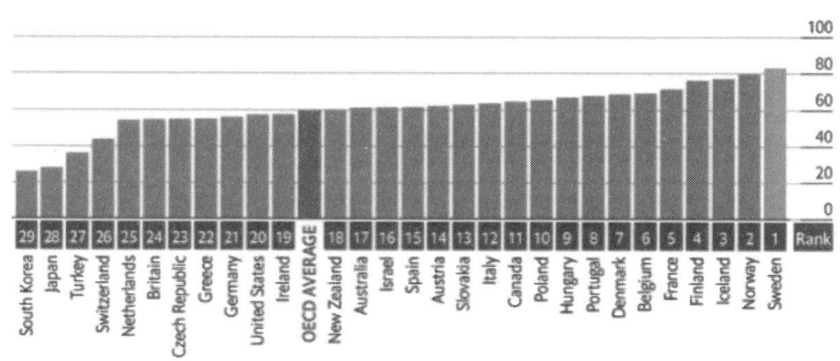

자료: European Institute for Gender Equality(2019)

『이코노미스트』의 '2019 유리천장 지수'에 따르면 우리나라는 OECD 회원국 평균인 60점의 1/3 수준에 그치고 있다. 특히 우리나라는 성별 임금격차, 여성관리직 비율, 여성임원 비율 등에서 최하위를 기록하고 있다(*Economist*, 2019).

---

3) 유리천장 지수는 교육 · 경제활동 참여 · 임금 · 관리직 진출 · 임원 승진 · 의회진출 · 유급 육아 휴가 등에 대한 OECD, 국제노동기구(ILO), 유럽연합 통계청 등의 자료를 토대로 여성의 노동조건 및 환경을 종합적으로 분석해 산출한 평점이다(*Economist*, 2019).

제 3 절

임금 · 젠더 분야 국가경쟁력 강화방안

1) 적극적 노동시장 정책과 교육훈련 강화

앞서 살펴본 바와 같이 우리나라의 임금과 보수수준에서의 국가경쟁력 순위는 중하위권 수준에 머무르고 있다. 하지만 보수수준에서의 국가경쟁력 수준은 말 그대로 세계시장에서의 경쟁력을 의미하기 때문에 노동생산성과 밀접한 관련이 있다. 만약 임금과 보수수준이 다른 OECD 국가에 비해 상대적으로 높아 세계시장에서의 경쟁에서 불리한 측면이 있다 하더라도 그에 상응하는 노동생산성을 갖고 있다면 큰 문제가 될 수 없다. 따라서 높은 수준의 임금 및 보수수준을 가능하게 할 수 있는 노동생산성을 어떻게 확보할 것인가에 더 많은 정책적 관심을 가질 필요가 있다.

<표 4-14> WEF 글로벌 경쟁력 추이: 적극적 노동시장정책

연도 분야	2015 (140)	2016 (138)	2017 (137)	2018 (140)	2019 (141)
노동시장	-	77	73	48	51
적극적 노동시장 정책	-	-	-	30	20
급여와 생산성	24	16	15	16	14

자료: WEF. *The Global Competitiveness Report*(2015~2019)

세계경제포럼의 글로벌 경쟁력 보고서에 나타난 임금과 생산성(Pay and productivity) 관련 국가경쟁력 순위는 2019년 14위로 2016년 이후 상승하는 추세에 있으나 실질임금과 경제성장 및 노동생산성의 실제 인과관계라기보다는 설문조사에 대한 응답을 기초로 한 것이기 때문에 일정한 한계를 지닌다고 볼 수 있다. 따라서 실질임금을 뒷받침하기 위한 노동생산성 확보와 관련한 적극적 노동시장 정책과 교육훈련에 더 많은 정책적 노력을 기울일 필요가 있다.

<표 4-14>가 보여주듯이 WEF에서 발표한 2019년도 적극적 노동시장 정책의 우리나라 순위는 20위로 2018년의 30위에서 10단계 상승한 것으로 나타났다. 하지만 이러한 적극적 노동정책의 순위는"귀국의 적극적 노동시장 정책은 실직자들의 구직과 재숙련(기술 매칭, 재교육 등 포함)에 어느 정도 도움이 된다고 생각하는가?"(전혀 도움이 안 된다-1점; 매우 도움이 된다-7점)라는 질문에 대한 응답에 기초한 것이므로 실제 정책추진에 대한 분석이 요구된다.

[그림 4-20] OECD 주요국 적극적 노동정책의 GDP 비중 추이

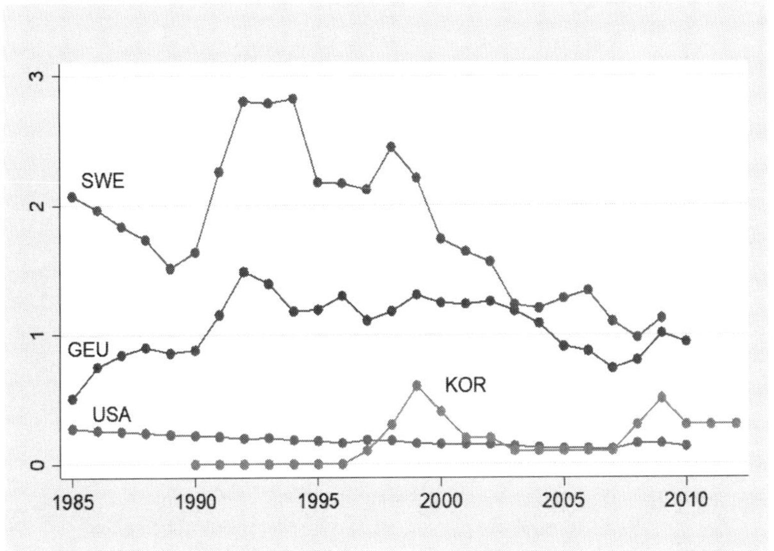

자료: OECD Database(2015)

[그림 4-20]에서 보듯이 우리나라의 적극적 노동시장정책 예산 지출이 GDP에서 차지하는 비중은 주요 OECD 국가인 스웨덴이나 독일과 비교할 때 상대적으로 매우 낮은 것으로 나타났다. 특히 스웨덴의 경우 최근 적극적 노동시장정책 예산 지출 비중이 줄어드는 추세에 있긴 하나 1990년에서 2000년 사이의 이 분야 예산 지출은 전체 GDP의 2~3%를 차지하고 있다. 또한 독일의 경우 적극적 노동시장정책 예산 지출은 최근까지 GDP의 1%대를 넘어서고 있다.

[그림 4-21] 우리나라의 유형별 적극적 노동시장 정책 예산 지출 추이

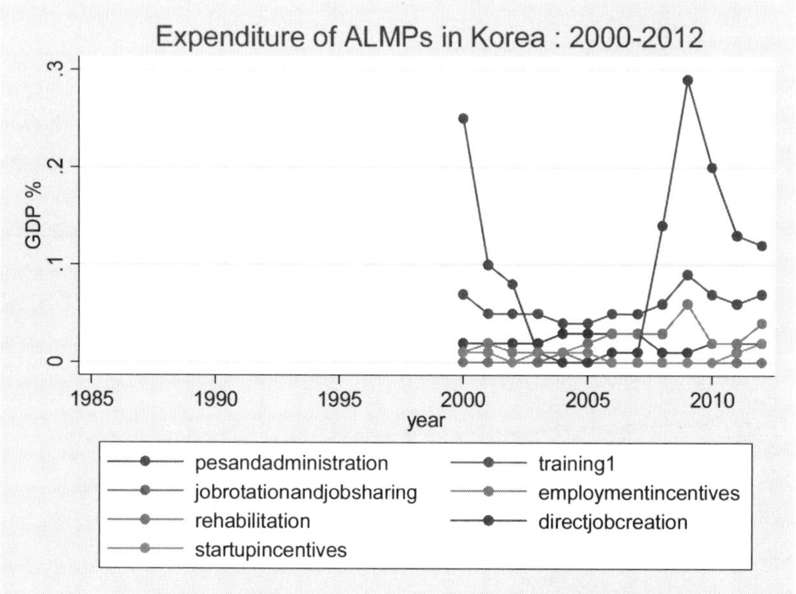

자료: OECD Database(2015)

우리나라의 경우 1997년 IMF 경제위기와 2008년 글로벌 경제위기 국면에서 적극적 노동시장정책 예산 지출을 유형별로 세분화해서 살펴보면 정부의 예산의 대부분이 직접적 일자리(예 공공근로) 창출에 지출되고 있는 것으로 나타난다([그림 4-21] 참조). 이어 우리나라의 적극적 노동시장정책 예산은 주로 새로운 일자리 창출을 위한 직업훈련과 고용 인센티브에 지출되고 있다.

[그림 4-22] 주요 OECD 국가의 직접적 일자리 정책 지출 비교

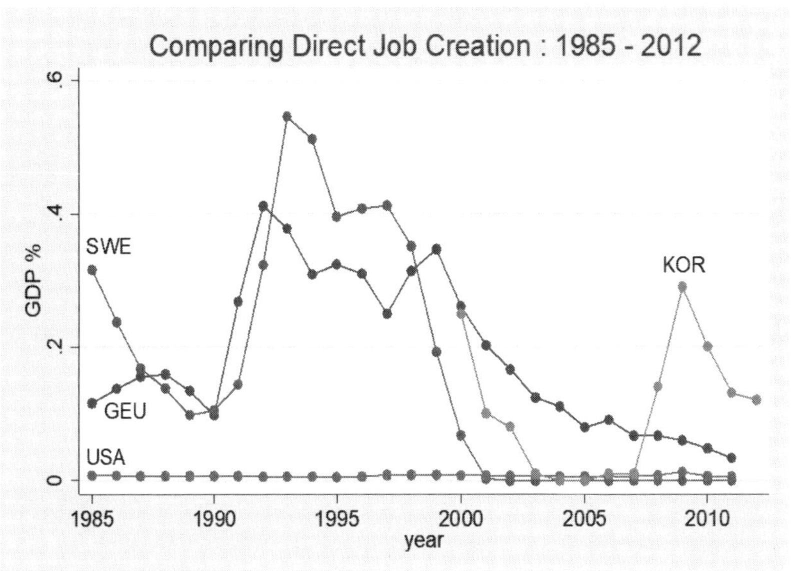

자료: OECD Database(2015)

하지만 우리나라의 경우 경제위기 국면에서 적극적 노동시장 정책 예산 지출은 공공근로 등 직접적 일자리 창출 분야에 집중되고 있다. 이는 1990년대 중반 이후 직접적 일자리 창출정책이 일자리의 질이나 지속적인 측면에서 만족스러운 성과를 내지 못하고 있다는 자체 평가에 기초해 관련 예산을 대폭 줄였던 독일과 스웨덴의 경우와 매우 다른 점이라고 할 수 있다. 따라서 우리나라도 경제위기 시 단순한 공공근로에 대한 지출보다 더 장기적인 관점에서 직업훈련 및 교육에 예산지출을 확대할 필요가 있다.

2) 젠더 격차 해소를 위한 적극적 조치의 실효성 제고

노동시장 국가경쟁력을 보다 강화하기 위해서는 공정한 기회 보장으로 여성의 경제활동참여를 보다 확대해 나갈 필요가 있다. 특히 여성의 고용의 질 개선을 위해 시간제 단기 일자리 위주로 시행되고 있는 현재의 여성 취업 정책에서 탈피하여 교육기회를 보다 확대하고 다양한 직업훈련을 통해 고용기회를 확대해야 한다. 노동시장 진입 과정에서의 젠더 차별, 임금 격차, 유리천장 해소를 위한 적극적 조치 제도의 실효성을 높이고 공정한 기회 보장을 위한 고용주의 책무성을 보다 강화해야 한다. 이를 위해 고용차별 시정을 근로감독 강화와 상담 창구를 확대할 필요가 있다. 이와 함께 문재인 정부는 지난 대선과정에서 2022년까지 고위 공직자의 10%, 공기업 임원의 20%, 정부위원회 위원의 40%를 여성으로 채우겠다는 공약을 내세운 바 있는데 이에 대한 성실한 이행도 요구된다.

3) 일터 혁신을 통한 '워라벨' 문화 정착

최근 일과 가정생활의 양립을 위한'워라밸'문화 확산과 실현을 위한 다각적인 정책적 노력이 요구되고 있다. 육아휴직의 사각지대를 해소하기 위해 성별, 고용보험 자격, 사업체 규모 등에 따른 육아휴직 활용 격차를 줄여 나갈 필요가 있다. 또한 육아기 근무시간 단축제도 활용 등 다양한 제도적 장치도 도입되어야 한다. 중소기업에서의 육아휴직 및 단축 근무 확대 및 급여 감소 없는 시간선택 근무제 정착을 위한 재정 지원과 인센티브 제공도 적극적으로 검토할 필요가 있다. 이와 함께 남성 육아휴직 참여 확대를 위해 기업 문화를 혁신하고 남성 육아 휴직자에 대한 직장 내의 인식을 획기적으로 전환하기 위한 정책적 노력도 요구된다.

제 4 절

정책적 시사점

앞서 살펴보았듯이 임금 및 보수수준에서 우리나라의 국가경쟁력은 중하위권 수준에 머물고 있다. 또한 여성고용률, 유리천장 지수 등에서 볼 수 있듯이 젠더 분야 노동시장 국가경쟁력은 조사대상 국가 중 최하위권에 머물고 있다. 여성노동력 지표와 관련한 국가경쟁력을 강화하기 위해서는 여성들이 실제 노동시장에서 활동할 수 있도록 사회적 환경 및 노동여건을 조성하지 않으면 안 된다.

공공 및 민간부문에서의 여성노동자의 경제활동참여율을 높이기 위해서는 출산 및 자녀 양육 등 일·가정 양립을 위한 다양한 유연근무제 도입과 경력단절 문제를 해결하기 위한 사회적 서비스 돌봄 영역의 강화 및 가사 육아 부담 완화, 그리고 시간제·기간제 노동자 보호 제도장치도 함께 모색해야 한다. 특히 여성 노동자의 경력단절을 막기 위한 모성 육아휴가 확대, 남성 육아휴직 사용률 제고, 시차출퇴근제, 선택적 근무제, 요일 근무제 등 다양한 유연근로제 시행도 요구된다.

또한 노동시장 진입 과정에서 젠더 차별, 임금 격차, 유리천장 해소를 위한 적극적 조치 제도의 실효성을 높여나갈 필요가 있다. 이를 통해 공정한 기회보장으로 여성의 경제활동참여를 보다 확대하고 시간제 단기 일자리 위주에서 벗어나 사회 전 분야에서 일할 수 있도록 다양한 교육 및 직업훈련 기회를 제공해야 한다.

5

노동시장 국가경쟁력(3): 스킬 교육 분야 국제비교

제 1 절

IMD 자료를 이용한 한국 노동시장의 스킬 국제비교

이 절에서는 IMD의 국가경쟁력 평가에서 제시한 스킬 관련 지표들의 국내 현황을 살펴본다. IMD 국가경쟁력 평가에서 스킬 관련 지표 항목은 도제제도(Apprenticeships), 직원훈련(Employee Training), 숙련노동(Skilled labor), 금융스킬(Finance skills), 인재 유치 및 보유(Attracting and retaining talents), 두뇌유출(Brain drain), 외국인 고숙련인력(Foreign highly-skill personnel) 총 6개 영역이다.

해당 문항에 대한 응답은 주관적 평가로서 10점 척도이다. 도제제도의 경우 '도제제도는 충분히 수행되고 있는가', 직원훈련의 경우 '직원훈련은 기업경영에서 최우선 순위인가', 숙련노동의 경우 '숙련 노동력을 쉽게 이용할 수 있는가', 금융스킬의 경우 '금융스킬을 가진 노동력을 쉽게 이용할 수 있는가', 스킬보유의 경우 '우수인력을 유치하고 보유하는 것이 기업경영에서 우선순위인가', 두뇌유출의 경우 '두뇌유출이 국가경제의 경쟁력을 저해하지 않는가', 외국인 고숙련인력의 경우 '외국인 고숙련

인력에게 매력적인 경영환경인가'라는 질문에 대해 10점 척도로 물어보고 국가별 순위를 제시하고 있다.

이 연구에서는 1995년부터 2019년까지 25년간의 자료를 기초로 하여 분석한다. 1997~98년 외환위기 이후 한국 노동시장 구조는 큰 변화를 겪었다. 그 결과 신자유주의적인 유연화가 확대되었고, 이는 여기서 다루는 스킬 이슈와 특히 밀접한 관련을 갖는다. 스킬의 축적은 장기간에 걸친 노동과 자본 간의 관계 구축을 통해서만 달성될 수 있는데, 신자유주의적 유연화는 기업 경영에 보다 많은 단기적 성과를 요구하고 있다. 따라서 여기에서는 이러한 기업경형 관행이 한국 노동시장의 스킬 관련 이슈들에 어떠한 영향을 미쳤는지 확인해 보고자 한다. 이러한 분석을 통해 한국 노동시장에서 숙련 관련 이슈들에 대한 경영자들의 주관적 판단의 장기 시계열 추이를 확인해 볼 수 있을 것이다. 다만, 각 영역에 따라 이용 가능한 시계열 자료가 다르다는 점을 지적하지 않을 수 없다. 예컨대, 도제제도의 경우 2013년부터 자료가 이용 가능하다. 이처럼 외환위기 이전과 이후의 특성이 뚜렷이 구분되는 영역도 있지만 최근 몇 년간을 중심으로 특성이 확인되는 영역도 있기 때문이다.

이 연구에서는 해당 영역에서 한국의 순위를 중심으로 시계열 추이를 확인하는 데 분석의 초점을 둔다. 따라서 이 연구는 조사결과에 대해 구체적인 인관관계를 밝히기보다는 전반적인 추이를 확인하는 데 중점을 둔다. 이 절에서는 조사결과를 기초로 하여 경영자의 관점에서 한국 노동시장에서 스킬관련 영역들의 국가경쟁력이 향상 또는 저하되었는지를 확인하고, 이에 대한 간략한 설명을 덧붙일 것이다.

IMD 조사결과에 따른 스킬 관련 총 7개 영역에서 한국의 국제 순위는 <표 5-1>과 같다.

<표 5-1> IMD 국가경쟁력 스킬 관련 국제비교 한국 순위 (단위: 순위)

연도	국가 수	도제 제도	직원 훈련	숙련 노동	금융 스킬	인재 유치 및 보유	두뇌 유출	외국인 고숙련 인력
95	46		5	24			4	
96	46		8	27			9	
97	46		10	21			12	
98	46		9	30			14	
99	47		29(46)	40	46		38	
00	47		29	35	38		30	
01	49		27	25	35		39	
02	49		16	22	30		39	23
03	51		35	37	41		43	30
04	51		27	35	38		38	34
05	51		21	29	38		21	22
06	54		39	41	54		36	26
07	55		24	11	42	34	19	48
08	57		12	45	46	8	28	34
09	57		10	43	41	4	48	37
10	58		6	50	48	1	42	33
11	59		12	50	46	2	44	32
12	59		6	45	43	1	49	29
13	60	22	23	40	39	20	37	31
14	60	40	22	32	38	12	46	43
15	62	35	34	23	33	13	44	38

16	61	44	42	48	45	21	46	46
17	63	41	46	41	41	27	54	48
18	63	30	35	37	47	36	43	49
19	63	18	33	34	34	14	30	49

자료: IMD, *World Competitiveness Yearbook* database

[그림 5-1] 한국의 도제제도 국가경쟁력 순위 (단위: 순위)

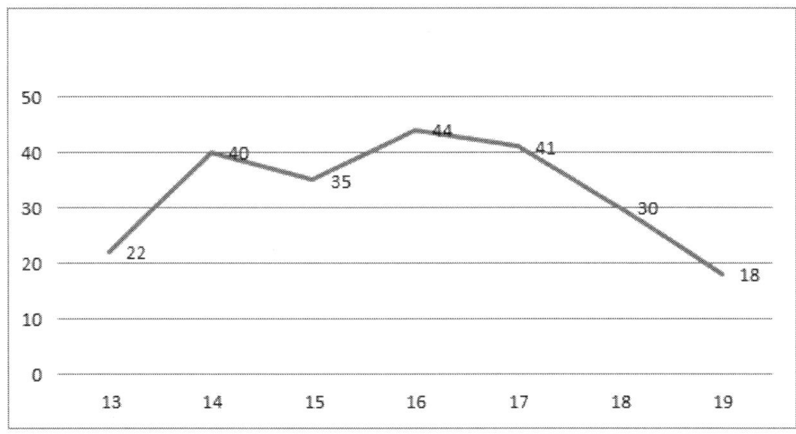

자료: IMD, *World Competitiveness Yearbook* database

우선 [그림 5-1]의 도제제도의 경우 2019년 현재 한국의 순위는 18위로 최근 들어 지속적으로 순위가 상승하고 있다. 도제제도를 통한 직업능력개발 정책의 효과가 이번 정부 들어 나타나고 있는 긍정적 신호로 해석할 수 있다. 다만 도제제도의 충분한 수행에 대한 경영자의 주관적 판단을 두고 고스킬 지향의 경영으로 해석해서는 곤란하다. 저스킬 일터의 특성으로 인해 스킬

수요가 낮다면 낮은 스킬공급으로도 스킬수요가 충분히 충족될 수 있기 때문이다.

[그림 5-2] 한국의 직원훈련 국가경쟁력 순위 (단위: 순위)

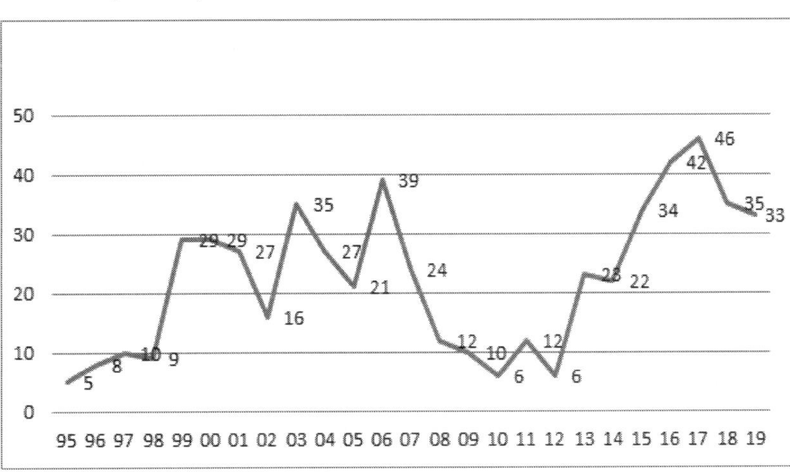

자료: IMD, *World Competitiveness Yearbook* database

[그림 5-2]에 나타난 바와 같이 지난 25년 간 한국의 직원훈련 순위는 전반적으로 낮은 가운데 등락을 거듭하고 있다. 한국의 직원훈련 순위는 2007년 MB 정부 때부터 급격히 하락하여 정권 말기와 박근혜 정부 출범 때 최저점을 기록하다고 이후 상승, 문재인 정부 출범 때 최고점을 찍고 이후 다수 하강 추세를 보인다. 앞서 언급한 것처럼 외환위기 이후 기업 경영이 유연성과 단기성을 지나치게 강조하는 측면이 있는데, 이는 노동과 자본 간의 장기 계약 관계를 전제로 하는 직원훈련이 경영에서 우선 순위에서 밀려나고 있음을 의미한다.

[그림 5-3] 한국의 숙련노동자 국가경쟁력 순위 (단위: 순위)

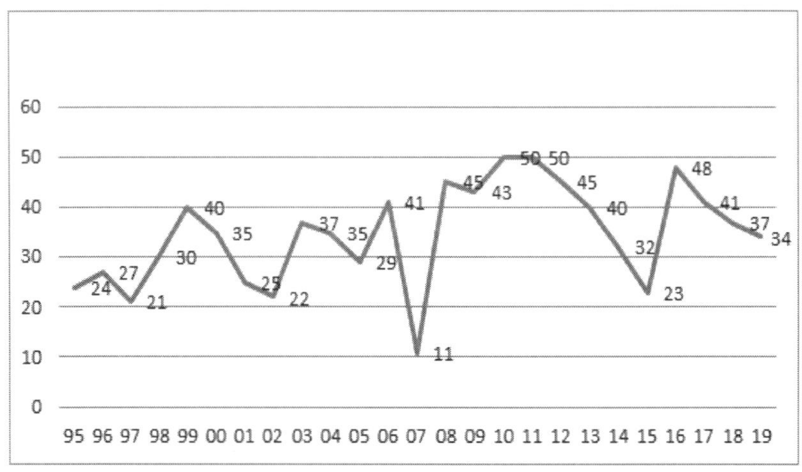

자료: IMD, *World Competitiveness Yearbook* database

[그림 5-3]에서 나타나듯이 숙련노동자 순위도 지난 25년 간 전반적으로 저조한 가운데서 순위가 등락을 거듭하고 있고, 또한 등락폭도 심화되고 있다. 하지만 최근 현 정부 들어서면서 순위가 다소 상승하고 있다. 출범 당시는 상승했는데 이후 하락 추세를 보인다. 지식경제에서는 우수한 역량은 가진 숙련 노동이 노동시장에 충분히 존재할 때, 기업 경영은 보다 많은 숙련노동을 활용하기 위한 차원에서 생산방식을 결정하고 인사관리를 한다. 한국의 생산현장에서 로봇을 지나치게 많이 활용하고, 노동을 배제하거나 숙련을 경시하는 생산시스템을 채택하는 경향이 있는데 그 원인 중 하나로 숙련인력 공급 부족을 들 수 있다.

[그림 5-4] 한국의 금융스킬 국가경쟁력 순위 (단위: 순위)

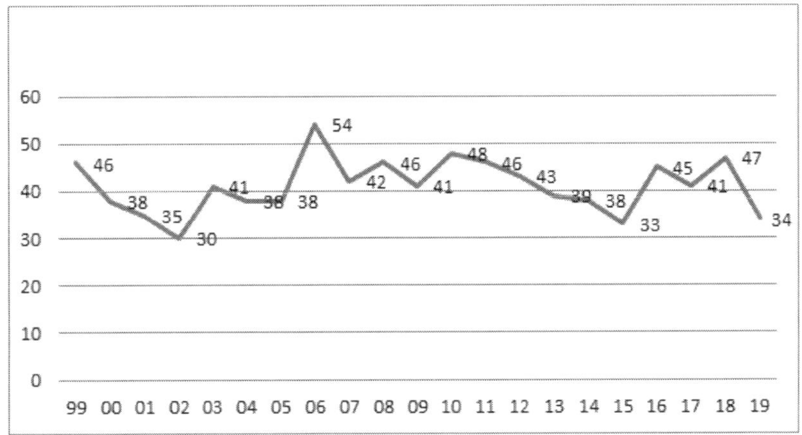

자료: IMD, *World Competitiveness Yearbook* database

[그림 5-4]의 금융스킬의 경우 지난 20여 년 동안 경쟁력이 크게 개선되지 않고 낮은 수준에 머무르고 있다. 미래 금융서비스 경제에 대응하고 제조업 역시 금융화가 진전, 심화되고 있는 상황에서 우수 금융인력을 확보 유지하는 것은 기업 경쟁력 차원에서 매우 중요하다. 이러한 기업경영에 우호적인 환경 제공은 국가경쟁력 제고 차원에서도 중요하고도 시급한 과제이다.

[그림 5-5] 한국의 인재 유치 및 보유'국가경쟁력 순위 (단위: 순위)

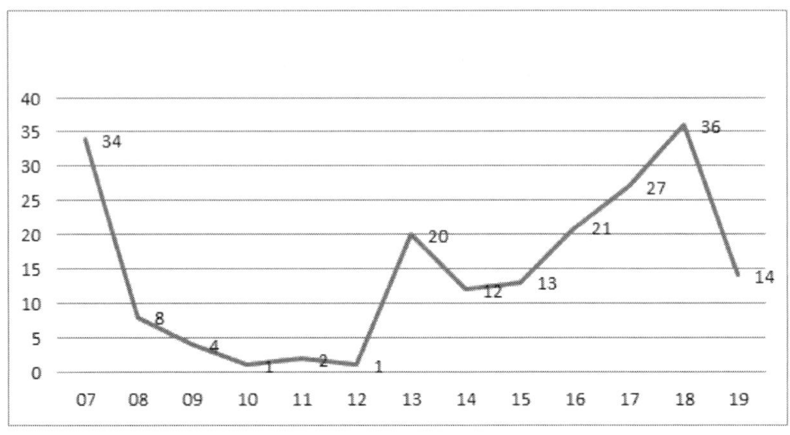

자료: IMD, *World Competitiveness Yearbook* database

[그림 5-5]에서 보듯이 우수 인력 유치 및 보유의 경우 최근 10여 년간 경쟁력 순위 하락이 뚜렷하게 나타난다. 이러한 경쟁력 순위 하락은 최근 들어 우수 인력의 유치 및 보유가 기업 경영의 우선순위에서 밀려났음을 의미하는 것으로, 이는 어려운 내・외부적 환경으로 인해 기업 경영의 불확실성이 증폭되고 있으며, 이러한 환경에서 생존에 급급한 기업이 단기적인 재무 건전성 강화에 지나치게 치중하고 있음을 방증한다고 볼 수 있다. 하지만 기업의 장기적 성장과 경쟁력을 담보하기 위해서는 우수 인력의 확보 및 유지를 위한 동기를 부여하는 노력을 게을리해서는 안 된다.

[그림 5-6] 한국의 두뇌유출 국가경쟁력 순위 (단위: 순위)

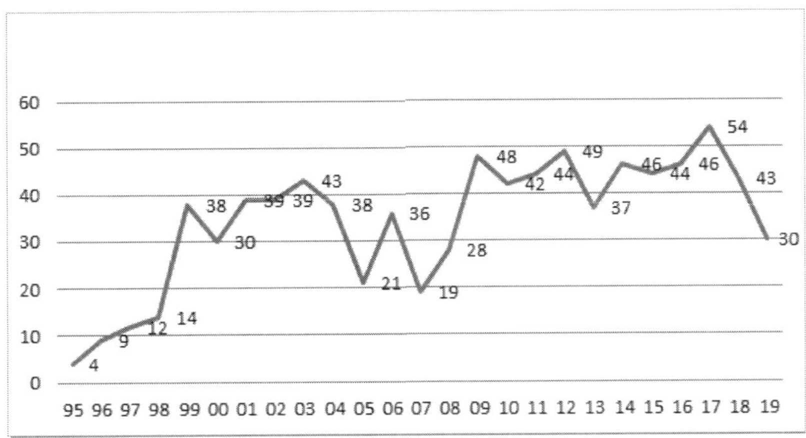

자료: IMD, *World Competitiveness Yearbook* database

[그림 5-6]에서 보는 바와 같이 두뇌유출의 경우 지난 25년 간 지속적으로 경쟁력 순위가 낮아지고 있다. 기업 경영자들은 이러한 두뇌유출의 심화가 국가경쟁력을 저해한다고 우려하고 있으며, 특히 유출 정도가 높아질수록 더욱 우려하고 있다. 하지만 두뇌유출이 반드시 부정적인 것은 아니다. 두뇌순환(brain circulation)을 촉진시켜 지식의 파급효과(spill over effect)를 강화하여 국민경제 전체의 지식의 창출, 축적, 활용에 긍정적인 기여도 한다.

[그림 5-7] 한국의 외국인 고숙련인력 국가경쟁력 순위 (단위: 순위)

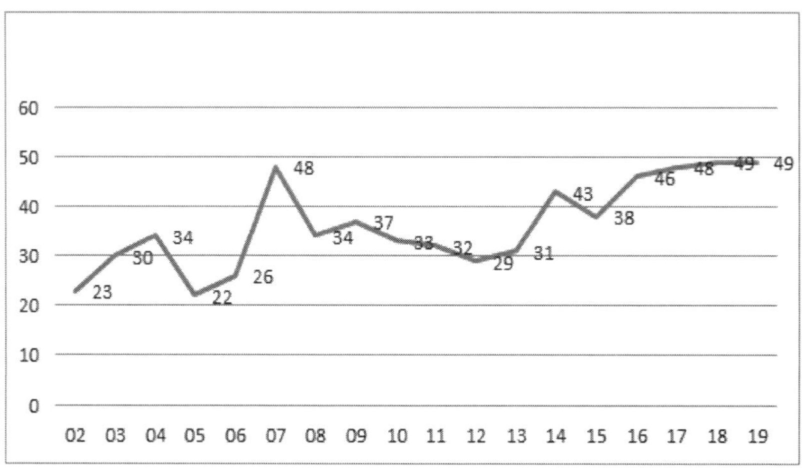

자료: IMD, *World Competitiveness Yearbook* database

[그림 5-7]의 외국인 고숙련 인력의 경우 두뇌 유출과 마찬가지로 지난 25년간 지속해서 경쟁력 순위가 낮아지고 있다. 한국의 경영환경은 우수 국내 인력의 두뇌유출의 측면과 아울러 우수 외국인 인력유치를 위해서도 매력적이지 않다는 의미이다. 이는 숙련 또는 역량의 배양과 활용에 있어서 기업의 실패와 이와 관련한 제도 및 정책의 실패가 맞물려서 나타난 결과로 판단된다.

제 2 절

PIAAC 자료를 이용한 한국 노동시장의 스킬 국제비교[4)]

이 절에서는 국제성인역량조사(Program for International Assessment of Adult Competencies: 이하 PIAAC) 자료를 활용하여 성인 역량에 대한 국제 비교를 분석한다. PIAAC은 OECD 주관으로 성인 역량을 평가하기 위해 2011년 하반기와 2012년 상반기에 수행한 국제조사로서 총 24개국의 16~65세 성인 15만 7천 명이 조사에 참여했으며, 한국은 6,667명이 참여했다(이후의 조사에는 OECD 국가 외에도 일부 국가들이 참여하여 조상대상은 총 31개국으로 늘어났다). 본 절에서는 OECD 국가 외에 나머지 국가들도 포함한 31개국을 대상으로 한국의 스킬 수준 및 활용 순위를 확인하고 국제비교 분석을 실시한다. 이를 통해 한국 노동시장 스킬

4) 이 절은 2019년 12월에 발간될 연구보고서 「반가운 외, 2019, 한국의 스킬 지도, 직업능력개발원」 제2장을 본 연구의 목적에 맞추어 재편집한 것이다. 특히 분석방법 및 관련 변수에 대한 설명, 측정방법은 반가운 외(2019)와 완전히 일치한다. 그 외에도 순위 해석의 상당 부분이 상기 언급한 보고서 제2장의 일부와 겹친다. 독창성은 향후 발간될 반가운 외(2019) 보고서에 있음을 밝힌다.

관련 경쟁력의 이면에 있는 특성들을 조금 더 심도 있게 살펴볼 것이다.

이러한 분석을 수행하기 위해 본 절에서는 PIAAC의의 스킬 관련 자료를 이용하여 히트맵(heat map)을 작성했다(<표 5-5>). 히트맵은 데이터의 값을 컬러로 변환시켜 방대한 데이터를 시각적으로 비교분석하는 데 강점이 있는 기법이다. 히트맵에는 스킬 수준 및 활용 정도를 서로 다른 농도로 구분하여 표시했는데 이는 조사대상 국가 임금노동자 지표를 전체 OECD 국가 지표의 백분위수 15%, 50%, 85% 값을 기준으로 분류한 것이다. 즉 가장 연한 색은 해당 값이 OECD 국가 내에서 하위 15% 이하로 낮음을 의미하고, 반대로 가장 진한 색은 상위 15% 이상으로 상대적으로 높음을 의미한다.

각 영역에서 가장 진한 색은 가장 높은 단계를, 가장 연한 색은 가장 낮은 단계를 의미한다. 예를 들어, <표 5-5>에서 한국 임금근로자의 ICT활용수준은 국제 2위이며, 가장 진한 빨간색으로 표시되어 있다. 이를 해석하면, 한국의 순위는 2위이며, ICT 활용수준의 구체적인 값이 OECD 국가들에서 백분위로는 상위 15% 안에 드는 가장 높은 단계에 있음을 의미한다.

히트맵 분석에는 스킬 축적과 활용, 스킬 미스매치 및 기타변수(임금, 신뢰 등)를 포함한 30개의 스킬 관련 변수가 활용되었고, 이를 인적 · 직업적 속성에 따라 집단을 구분한 변수별로 비교했다. 변수의 정의와 측정에 관한 자세한 사항은 <표 5-2> 및 <표 5-3>에 제시했다.

<표 5-2> 스킬 관련 변수의 정의와 측정

구분	변수명	변수설명	측정 방법
스킬 축적	언어 능력	언어능력 점수	개연값 10개 (PVLIT1~PVLIT10)
	수리 능력	수리능력 점수	개연값 10개 (PVNUM1~PVNUM10)
	메타 인지	학습전략을 묻는 6개의 5점 척도 문항	5점 척도로 조사된 6개 문항[5]의 단순평균 변수를 생성하고 이를 다시 평균 0, 표준편차 1이 되도록 표준화함
	노동 시장 경력	유급노동에 참여한 총 연수	수입 있는 일에 종사한 햇수 (풀타임이나 파트타임으로 6개월 이상 일한 기간만 포함)
	현직장 근속	현재 직장에서 일한 연수	(현재 나이) - (현재 직장에서 일을 시작한 나이)
	평생 학습	지난 12개월 동안 형식 또는 비형식 교육훈련 참여 여부	정규교육기관에 재학중인 16-24세 청년을 제외한 성인교육훈련인구(AET) 대상 형식 또는 비형식 AET 참여=1; 참여하지 않음=0
	사업주 완전 지원 훈련	지난 12개월 동안 계속 임금근로자였던 사람의 사업주 지원 교육훈련 참여 여부	개인이 참여한 교육훈련 중 ① 직무관련비형식교육훈련, ② 사업주로부터 해당교육 비용을 전액 지원받은 경우, ③ 해당교육훈련 참여가 근무시간 동안 이루어진 경우 세 조건을 모두 만족하면 1; 그렇지 않은 경우 0으로 코딩
	사업주 일부 지원 훈련		임금근로자 개인이 참여한 교육훈련 중 사업주에게 비용과 시간의 전부 또는 일부를 지원받은 경우 1; 그렇지 않은 경우 0으로 코딩
스킬 활용[6]	스킬 활용 통합 지수	직장 내 스킬활용 관련 모든 변수를 통합한 스킬활용 지수 변수	스킬활용 영역별로 각각 평균이 0, 표준편차 1로 표준화한 다음, 11개 변수의 평균이 0, 표준편차 1이 되도록 다시 표준화함(신체활동 제외)

	읽기 활용	안내문, 지침서, 편지, 메모, 이메일 등 문서 읽기 활동	PIAAC 데이터 제공 지수변수를 분석에 활용. 이는 활용빈도와 수준을 묻는 두 개 이상의 관련 문항을 활용하여 문항 반응이론(item-response)에 따라 파생변수를 생성하고 산출된 점수를 국제평균 2, 표준편차 1이 되도록 조정한 변수임.
	쓰기 활용	편지, 메모, 이메일, 기사, 보고서, 양식 등 문서 작성 활동	
	수리 활용	계산(가격, 비용, 예산), 분수 · 소수 백분율의 활용 등 수리 활동	
	ICT 활용	이메일 · 인터넷 · 엑셀 · 워드/한글 · 프로그램 활용	
	문제 해결 (5분, 30분)	해결책을 찾는 데 30분 이상의 시간이 걸리는 비교적 복잡한 문제 또는 5분 이하 걸리는 비교적 쉬운 문제 직면하는 정도	①) 전혀 하지 않음, ② 몇 달에 한번, ③ 한 달에 한두 번, 응답자는 0으로 코딩, ④ 일주일에 몇 번, 매일은 아님, ⑤ 매일 응답자는 1로 코딩
	과업 재량	업무수행 과정, 수행 속도, 근무시간, 업무수행 방식 등을 선택하거나 바꾸는 활동	PIAAC 데이터 제공 지수변수를 분석에 활용. 이는 활용빈도와 수준을 묻는 두 개 이상의 관련 문항을 활용하여 문항 반응이론에 따라 파생변수를 생성하고 산출된 점수를 국제평균 2, 표준편차 1이 되도록 조정한 변수임.
	직장 내 학습	상사 또는 동료로부터 새로운 것을 배우는 등 정보습득 활동	
	영향력	타인의 활동계획, 타인을 설득 또는 영향력 행사 활동	
스킬 활용	협력	직장동료와 협력하거나 협동하는 시간의 정도	① 전혀 없음, ②) 해당시간의 1/4정도, ③ 해당시간의 절반 정도 응답자는 0으로 코딩, ④ 해당시간의 절반 이상, ⑤ 해당 시간 전체 응답자는 1로 코딩

	시간 자율	자신의 시간을 계획하고 관리하는 활동 정도	① 전혀 하지 않음, ② 몇 달에 한번, ③) 한 달에 한두 번, 응답자는 0으로 코딩, ④ 일주일에 몇 번, 매일은 아님, ⑤ 매일 응답자는 1로 코딩
	숙달	타자, 수술 혹은 피아노 연주 같은 정교한 손 기술을 사용하는 활동 정도	
	신체 활동	장시간 육체노동활동 정도	
스킬 미스 매치 및 기타	자기 보고 학력 과잉	최종학력이 현재 일자리에서 요구하는 학력수준보다 높은지 여부	'만약 귀하의 일자리에 누군가 지금 지원한다면 취업하기 위해 일반적으로 어떤 학력을 갖추어야 합니까?' 의 문항(학력요건)과 응답자의 최종학력(실제학력)을 묻는 두 문항을 각각 고졸미만, 고졸, 대졸이상 범주로 재분류하고 다음과 같은 기준에 따라 변수를 생성함. - 학력과잉: 실제학력 수준이 학력요건보다 높은 경우 1; 그렇지 않은 경우 0으로 코딩 - 학력부족: 실제학력 수준이 학력요건보다 낮은 경우 1; 그렇지 않은 경우 0으로 코딩
	자기 보고 학력 부족	응답자의 최종학력이 현재 일자리에서 요구하는 학력수준보다 낮은지 여부	
	자기 보고 스킬 과잉7)	현재 하는 일보다 더 어려운 과업수행 가능 여부	'귀하는 현재 하는 일보다 더 어려운 일을 해낼 수 있는 능력을 가지고 있다고 생각하십니까?' 의 문항에 그렇다고 응답한 경우 1; 그렇지 않다고 응답한 경우 0으로 코딩
	자기 보고 스킬 부족	현재 업무 수행을 위한 추가적인 훈련 필요 여부	'귀하는 현재 업무를 무리 없이 수행하기에는 능력이 부족해서 추가적인 훈련을 받아야 한다고 생각하십니까?' 의 문항에 그렇다고 응답한 경우 1; 그렇지 않다고 응답한 경우 0으로 코딩
스킬 미스 매치 및 기타	임금	보너스가 포함된 시간당 임금 (물가조정, USD)	시간당 중위임금
	직무 만족	현재 일자리에 대한 만족 여부	① 매우 만족함 ② 만족함 응답자는 1로 코딩 ③ 만족하지도 불만족하지도 않음, ④ 불만족함, ⑤ 매우 불만족함 응답자는 0으로 코딩

	건강	신체적, 정신적 건강을 포함한 주관적 건강상태	① 탁월함, ② 아주 좋음, ③ 좋음 응답자는 1로 코딩 ④ 보통, (⑤ 나쁨 응답자는 0으로 코딩
	신뢰	① 완전히 신뢰할 수 있는 사람은 소수에 불과함, ② 조심하지 않으면 다른 사람들에게 이용당함. ①번과 ②번 항목의 평균값을 사용	① 매우 동의함, ②) 동의함, ③ 중립, ④ 동의하지 않음, ⑤ 매우 동의하지 않음

---

5) Q1. 새로운 아이디어를 듣거나 읽으면 이를 적용할 수 있는 실제 상황을 떠올려본다.
   Q2. 새로운 것 배우기를 좋아한다.
   Q3. 새로운 것을 접하는 경우 이미 알고 있는 것과 관련지으려 한다.
   Q4. 나는 어려운 문제를 속속들이 파헤쳐 이해하는 것을 좋아한다.
   Q5. 서로 다른 아이디어가 어떻게 연결되는지 파악하는 것을 좋아한다.
   Q6. 어떤 일이 잘 이해가 되지 않으면 이를 보다 잘 이해하기 위해 추가적인 정보를 찾는다.

6) 스킬활용 관련 변수는 반가운 외 (2018)의 연구 '<표4-3> PIAAC에서의 스킬활용 설문문항'표에서 변수별 대표설문문항을 발췌하여 기술하였다. 스킬활용 관련 문항의 자세한 설명은 반가운 외(2018)의 연구를 참조하면 된다.

7) 직관적으로 스킬과잉에 긍정적으로 응답한 비율과 스킬부족에 긍정적으로 응답한 비율은 100%가 되는 것으로 이해될 수 있다. 그러나 제3장의 <표 3-47>~<표 3-50>의 각 국가별 응답비율을 더하면 100%가 넘는 것을 발견할 수 있다. 이러한 수치가 나오는 까닭은 우선 해당 응답이 본인의 주관적 판단에 기인하는 자기보고식이라는 점이다. 다음으로는 해당 영역의 조사에서 사용된 질문이 과업을 기반으로 스킬과잉 또는 부족에 대하여 응답을 요구하였기 때문인 것으로 추정된다. 즉 응답자가 과업별로 본인의 스킬이 과잉인지 또는 부족인지를 각 질문별로 중복 응답할 여지를 두

<표 5-3> 집단 구분의 정의 및 측정

변수명	변수설명	측정방법
언어 점수 레벨	OECD의 Level 분류 체계에서 일부를 통합하여 Level 1 & Below, Level 2, Level 3, Level 4 & 5의 네 집단으로 분류함.	OECD는 언어점수레벨을Below Level 1, Level 1, Level 2, Level 3, Level 4, Level 5와 같이 6개 집단으로 분류하면서 각 집단이 5%, 14%, 33%, 34.4%, 11.4%, 1.1%분포를 따르도록 설정하였으나 본 연구에서는 4개 집단으로 재분류함에 따라 각 집단은 19%, 33%, 34.4%, 12.5% 분포로 조정됨.
역량 활용 수준	직장 내 스킬활용 수준에 따라 '하', '중하', 중상' '상'의 네 집단으로 구분	스킬활용 통합지수 변수는 표준화점수이므로 이 값을 -1미만, -1이상 0미만, 0이상~1미만, 1이상인 집단으로 구분함으로써 각 집단을 스킬활용 수준이 1표준편차 밖에서 낮은 집단, 평균보다 다소 낮은 집단, 평균보다 다소 높은 집단, 1표준 편차 밖에서 높은 집단으로 분류.
임금 수준	임금수준에 따라 '하', '중하', '중상' '상' 등 네 집단으로 구분	시간당 임금변수에서 p15, p50, p85의 경계값을 구하고, 이 기준에 따라 네 집단으로 분류
교육	학력을 중졸 이하, 고졸, 대졸 이상으로 구분한 범주형 변수	
연령	연령 집단을 24세 이하, 25세 이상 44세 이하, 45세 이상 범주로 구분한 변수	
성별	남성, 여성으로 구분한 범주형 변수	
직종	직종을 단순직, 준전문기술직, 준전문사무직, 전문직의 네 범주로 분류한 PIAAC 데이터 제공 변수 활용	
업종	산업코드 기준으로 제조업, 전통서비스업, 지식서비스업, 기타 업종으로 재분류[8)]	
부문	민간, 공공, 비영리로 구분한 PIAAC 데이터 제공 변수 활용	
규모	기업 규모를 250인 이하, 251인 이상으로 구분한 범주형 변수	
계약 유형	계약유형을 '무기계약' 과 '기타(유기 계약, 파견근로, 현장 실습생 또는 견습생, 공식적 계약 없음)' 로 구분한 범주형 변수	

었다. 즉 응답자가 자신이 하고 있는 직위 전체에 대해서 응답하는 것이기보다는, 한 명의 응답자가 수행하는 개별 과업별로 서로 상반되는 응답이 나올 수도 있도록 요구한 것으로 해석될 수 있다.

8) '산업자원부 <지식서비스산업 육성전략>(2007: 4)에 제시된 산업분류표를 참고하여 일반적인 산업분류 방식에 따라 제조업, 서비스업, 기타업으로 분류했으며, 서비스업 중 통신, 금융·보험, 사업서비스, 교육 등을 지식서

<표 5-4>는 분야별로 본 연구의 분석대상국가의 수를 나타낸 것이다. 대부분의 분야는 분석대상 국가가 30~31개국인데 현직장 근속과 중위임금 분야에서만 각각 24개국과 23개국이다.

<표 5-4> 영역별 분석대상국가의 수 (단위: 개수)

영역	세부영역	분석대상국가
스킬 축적	언어능력	31
	수리능력	31
	메타인지	31
	노동시장경력	31
	현직장근속	24
	평생학습참여율	31
	사업주완전지원교육훈련	30
	사업주일부지원교육훈련	30
스킬 활용	스킬활용통합지수	30
	읽기활용	30
	쓰기활용	30
	수리활용	30
	ICT활용	30
	문제해결(5분)	31
	문제해결(30분)	31
	과업재량	30
	직장내학습	30
	영향력	30

비스업으로, 그 이외의 서비스업을 전통서비스업으로 구분했다.

	협력	31
	시간자율	31
	숙달	31
	신체활동	31
스킬 미스매치 및 기타	자기보고 학력과잉	30
	자기보고 학력부족	30
	자기보고 스킬과잉	31
	자기보고 스킬부족	31
	중위임금	23
	직무만족	31
	주관적 건강	31
	신뢰	30

이제 스킬 축적과 활용, 스킬 미스매치 및 기타변수의 국제비교결과를 한국의 순위를 중심으로 분석한다. 본 연구에서 분석하는 스킬 축적 및 활용, 스킬 미스매치의 세부 영역은 다음과 같다.

먼저 스킬 축적은 PIAAC에서 조사된 언어능력과 수리능력, 메타인지, 노동시장경력, 현 직장 근속연수, 평생학습, 사업주 완전지원훈련, 사업주 일부지원훈련으로 구성된다. 언어 및 수리능력과 메타인지는 주로 학령기에, 경력과 근속은 주로 노동시장에서 축적되는 스킬이다. 스킬 활용에 대해서는 12개 분야 각각에서 직장 내 스킬 활용과 관련하여 분석한다. 앞서 <표 5-1>에서 제시하였듯이 12개 분야는 읽기, 쓰기, 수리, ICT, 문제해결(5

분, 30분), 과업 재량, 직장 내 학습, 영향력, 협력, 시간자율, 숙달, 신체활동으로 이루어져 있다. 읽기에서 영향력 스킬까지를 포함하는 앞의 7개 영역은 활용빈도와 수준을 묻는 두 개 이상의 관련 문항을 사용하여 문항 반응이론에 따라 파생변수를 생성하고 산출된 점수를 국제평균이 2, 표준편차가 1이 되도록 조정한 PIAAC 데이터의 지수변수를 활용하였다.

다음으로 협력에서 신체활동을 포함하는 5개 영역은 해당 영역의 스킬활용 빈도 또는 정도가 높다고 응답한 사람의 비율을 분석하였다. 또한 이들 영역을 통합한 하나의 스킬활용 변수인 스킬활용 통합지수를 생성하여 분석하였다. 분석결과는 스킬활용통합지수를 먼저 제시하고, 다음으로 읽기영역부터 순차적으로 기술한다. 스킬미스매치 및 기타변수에는 자기보고 학력과잉 및 부족, 자기보고 스킬과잉 및 부족으로 구성되는 4개의 스킬미스매치 영역과 중위임금, 직무만족, 주관적 건강, 신뢰로 구성된 기타 4개의 영역이 포함된다.

<표 5-5>는 한국의 스킬지도를 국제비교 순위와 함께 표시한 것인데, 색의 농도를 통해 한국의 스킬 축적과 활용, 미스매치의 현황을 한 눈에 확인할 수 있다. 진한 붉은 색은 OECD 전체 기준에서 순위가 높은 영역, 옅은 색과 하얀 색은 순위가 낮은 영역이다. 또, 각 셀의 숫자는 해당 영역에서 한국의 순위이다. 자영업자 혹은 취업자 정보도 있지만 본 연구에서 스킬지도 해석은 임금근로자를 기준으로 한다.

한국의 뚜렷한 특징은 쓰기활용수준과 ICT활용수준이 국제순

위에서 최상위에 위치해 있다는 점이다. 먼저 쓰기활용수준은 유일하게 1위로 가장 높은 수준이다. 스킬수준이 레벨 1 이하, 고졸미만, 45세 이상, 그리고 자영업자를 제외하면 한국의 임금노동자의 평균 쓰기활용수준은 대부분 국제 1위이며 또한 가장 높은 단계이다. 다음으로 ICT활용수준은 2위이며, 준전문기술직 및 준전문사무직은 국제비교에서 1위를 기록하고 있다. 또한 레벨 3~4&5, 대졸이상, 25~44세 등 다수의 집단이 히트맵의 색상을 기준으로 볼 때 가장 높은 단계에 있다. 다만 고졸미만(28위) 및 고졸(17위), 단순직(18위), 자영업자(28위) 등은 하위권 또는 최하위권에 위치해 있어, ICT활용수준은 쓰기활용수준에 비하여 상대적으로 집단별로 편차가 큰 특성을 보인다. 히트맵의 색상을 중심으로 살펴보아도 쓰기활용 수준의 다수 셀이 가장 높은 단계로 표시되어 있는 반면에, ICT활용에서는 다수의 가장 높은 단계뿐만 아니라 낮은 단계 및 가장 낮은 단계도 다수 관찰된다.

언어능력(15위), 읽기활용(7위), 수리활용(10위), 신체활동(24위)은 국제 순위는 높지 않으나 다수의 집단이 각 능력의 활용수준에서 가장 높은 단계에 있는 것으로 나타났다. 하지만 쓰기활용 및 ICT활용에 비하여 가장 높은 단계에 있는 집단의 수가 적으며, 낮은 단계 및 가장 낮은 단계도 다수 존재한다. 여기서 주목할 부분은, 신체활동의 순위는 24위로 최하위권에 가까운 가운데, 스킬 활용 수준 레벨2 이하, 고졸 이하, 45세 이상, 기타형태의 계약, 단순직 및 준전문기술직, 기타업종, 그리고 자영업자 집단에서 신체활동수준이 가장 높은 단계로 나타났다는 점이다.

<표 5-5> 한국의 스킬지도 (단위: 순위)

		임금근로자(A) 순위														
			스킬(활용)수준				교육수준			연령			성별		계약유형	
			Level 1 & below	Level 2	Level 3	Level 4&5	고졸 미만	고졸	대졸 이상	24세 이하	25세 ~ 44세	45세 이상	남	여	무기 계약	기타
스킬축적	언어능력	15	15	9	11	10	23	16	19	5	11	22	14	22	10	17
	수리능력	20	19	15	16	20	24	20	21	15	17	25	19	21	17	18
	메타인지	31	31	30	30	30	31	31	30	30	30	31	31	31	28	29
	노동시장경력	30	27	29	30	31	16	30	30	30	31	31	30	30	28	16
	현직장근속	24	24	24	23	24	21	24	24	24	23	24	23	24	24	18
	평생학습참여율	17	25	19	15	13	25	20	9	16	12	20	14	18	8	18
	사업주완전지원 교육훈련	27	29	28	27	27	27	28	27	29	27	27	27	28	25	25
	사업주일부지원 교육훈련	20	26	21	20	14	26	22	20	21	18	26	19	24	12	19
스킬활용	스킬활용통합지수	27	30	28	24	24	30	28	24	30	23	30	25	30	13	27
	읽기활용	7	17	9	2	3	22	12	2	12	3	16	4	12	2	6
	쓰기활용	1	3	1	1	1	3	1	1	1	1	4	1	1	1	1
	수리활용	10	17	12	11	15	28	13	13	21	5	21	7	22	3	12
	ICT 활용	2	7	5	3	3	28	17	2	12	4	13	2	13	2	9
	문제해결(5 분)	30	29	30	29	29	30	28	29	18	29	30	30	29	28	25
	문제해결(30 분)	28	27	28	28	27	28	28	28	24	28	29	28	28	26	25
	과업재량	21	26	22	23	27	24	23	23	27	21	20	20	26	18	22
	직장내학습	29	29	29	29	29	30	28	29	28	29	29	29	29	27	28
	영향력	18	22	16	20	23	21	22	23	22	17	23	15	25	10	15
	협력	30	29	30	30	30	29	30	31	29	30	30	30	30	28	28
	시간자율	26	28	26	27	26	28	29	27	23	26	30	25	28	22	21
	숙달	30	31	31	25	13	31	31	16	30	27	30	30	28	24	28
	신체활동	24	16	19	24	25	6	15	19	27	28	2	28	5	26	20
스킬 미스매치 및 기타	자기보고 학력과잉	9	10	7	10	26		14	10	23	10	6	9	10	12	13
	자기보고 학력부족	15	12	14	19	12	23	12		2	17	15	16	23	16	10
	자기보고 스킬과잉	17	26	18	14	14	28	16	18	16	15	20	17	20	13	19
	자기보고 스킬부족	22	27	24	18	14	29	24	17	14	17	31	21	22	22	22
	중위임금	11	13	12	12	11	13	13	10	13	9	13	10	12	7	11
	직무만족	31	31	31	29	31	31	31	29	31	29	31	31	31	28	29
	주관적건강	29	29	29	29	29	29	29	29	29	29	29	29	29	28	28
	신뢰	16	11	13	20	22	14	15	20	15	14	18	12	21	12	17

		임금근로자(A) 순위													자영업자(B)	취업자(A+B)
		직종				업종				부문			기업규모			
		단순직	준전문기술	준전문사무	전문직	제조업	전통서비스	지식서비스	기타	민간	공공	비영리	250인 이하	251인 이상		
스킬축적	언어능력	15	12	7	15	14	16	13	17	15	9	15	17	10	24	20
	수리능력	19	19	14	19	19	20	19	20	20	12	13	21	16	27	22
	메타인지	31	30	31	30	31	31	30	30	31	30	29	31	31	31	31
	노동시장경력	27	30	30	30	30	30	30	23	30	28	27	30	30	23	29
	현직장근속	24	24	24	24	24	24	24	23	24	19	19	24	21	16	24
	평생학습참여율	20	16	9	12	17	15	16	19	16	2	10	20	4	14	18
	사업주완전지원 교육훈련	25	28	26	27	28	27	27	28	27	26	24	27	28		
	사업주일부지원 교육훈련	21	16	13	22	19	19	21	20	20	12	16	20	14		
스킬활용	스킬활용통합지수	30	24	19	25	25	29	25	26	27	25	13	27	22	29	27
	읽기활용	12	6	1	1	7	6	2	2	6	5	1	6	3	22	11
	쓰기활용	1	1	1	1	1	1	1	1	1	1	1	1	1	12	1
	수리활용	6	9	1	20	8	13	15	12	13	6	6	11	2	25	14
	ICT 활용	18	1	1	6	2	6	6	5	5	3	3	4	2	28	12
	문제해결(5분)	20	28	28	30	29	29	29	30	29	30	25	29	30	30	30
	문제해결(30분)	15	26	22	28	26	28	28	28	28	29	27	28	28	30	28
	과업재량	28	19	21	21	22	23	23	22	21	22	21	22	22	11	14
	직장내학습	28	27	29	29	28	29	29	29	29	29	28	29	29	30	29
	영향력	15	10	8	21	12	23	19	10	15	22	15	19	17	26	21
	협력	26	28	30	31	30	30	31	29	30	31	30	30	30	28	30
	시간자율	26	21	19	25	23	26	27	23	27	25	21	27	24	30	28
	숙달	31	31	29	15	31	30	26	30	30	24	22	30	23	31	30
	신체활동	23	26	30	19	24	20	20	26	21	30	25	21	26	16	20
스킬 미스매치 및 기타	자기보고 학력과잉	18	8	12	9	11	9	13	7	9	9	27	9	12		
	자기보고 학력부족	12	13	10	27	19	16	13	19	17	11	9	14	18		
	자기보고 스킬과잉	19	15	18	15	15	17	19	21	17	17	20	17	13	21	17
	자기보고 스킬부족	26	18	19	19	16	25	20	18	20	30	16	22	24	25	22
	중위임금	13	11	11	10	12	12	11	9	11	6	10	11	8		
	직무만족	30	31	30	29	31	31	29	31	31	28	26	31	28	30	31
	주관적건강	29	29	29	29	29	29	29	29	29	29	29	29	29	29	29
	신뢰	13	11	11	17	13	14	21	12	15	12	19	17	12	19	19

0% 15% 50% 85% 100%

이를 요약하면 한국은 읽기, 쓰기, 수리, ICT 활용을 중심으로 다수의 가장 높은 단계 그룹을 형성하고 있으며, 읽기와 수리활용에서는 다수의 낮은 단계 및 가장 낮은 단계도 관찰된다. 신체활동은 국제 순위는 낮으나, 다수의 집단에서 가장 높은 단계를 보여주고 있다.

스킬미스매치의 영역인 자기보고 학력과잉 및 부족, 자기보고 스킬과잉 및 부족은 한국의 순위가 영역별로 각각 9~22위에 위치함으로써 중위권에 있으며, 스킬지도의 색상으로 살펴보아도 상대적으로 높은 단계와 낮은 단계를 다수 형성하고 있어 중위권에 있음을 알 수 있다.

그리고 한국은 메타인지(31위), 노동시장경력(30위), 사업주완전지원교육훈련(27위), 문제해결(5분 30위, 30분 28위), 직장 내 학습(29위), 협력(30위), 과업재량(28위), 시간자율(26위), 숙달(30위), 직무만족(31위), 주관적 건강(29위) 등 10개 영역에서 최하위 수준에 머물렀다. 따라서 이들 영역에서는 낮은 단계 및 가장 낮은 단계의 집단이 절대 다수를 이루고 있다. 대체로 스킬의 축적에 비해 활용에서 특히 낮은 순위를 기록하고 있다. 여러 스킬활용 지표들을 종합한 스킬활용통합지수(27위)에서도 최하위 순위를 기록하고 있다. 스킬활용통합지수에서는 스킬수준이 레벨4&5인 집단과 대졸 이상, 전문직을 제외하면 절대 다수가 낮은 단계 및 가장 낮은 단계에 있음을 알 수 있다. 스킬수준이 레벨4&5인 집단과 대졸 이상, 전문직에서도 해당 집단 내 한국의 순위는 낮다.

요컨대 한국적 맥락에서는 그간 논의에서 제대로 다루어지지 않은 스킬활용의 문제가 중요한 이슈로 제기되어야 함을 알 수 있다. 물론 스킬축적에서도 현재의 인지적 역량(언어능력과 수리능력) 그 자체 보다는 미래 역량 축적을 위한 학습전략(메타인지)의 수준이 낮고, 노동의 생산성과 직결되는 특수적 스킬축적(노동시장 경력과 사업주 훈련) 수준 역시 낮음을 확인할 수 있다. 이는 한국 노동시장에 관련하여 다음의 함의를 가진다.

4차 산업혁명 시대에서는 노동자의 지속적인 학습을 통한 재숙련화가 중요하다. 한국의 경우 노동시장에서 현 직장 근속기간(24위)이 매우 짧다. 즉 4차 산업혁명이라는 세계적 보편성과 한국 노동시장의 짧은 근속이라는 특수성은 공교롭게도 노동자의 역량강화 필요성을 동시에 강조한다. 4차 산업혁명 시대의 빠른 기술변화는 개인이 노동시장에서 고용가능성을 제고하기 위해 지속적인 학습과 재숙련화를 요구하며, 짧은 근속 역시 한 직장에서 안정적인 고용관계를 바탕으로 특수적 숙련을 쌓아 가는 전략보다는 새로운 직업과 직장에 적응하기 위한 일반 숙련 중심의 전략을 지향하게 한다. 사회적 안전망이 일천한 상황에서 노동자는 숙련을 통해 스스로의 안전망을 구축할 수밖에 없는 처지이기 때문이다. 하지만 한국 노동자의 낮은 메타인지 수준으로 볼 때, 이러한 전략의 비용은 높고 성과는 낮을 것임을 보여주고 있다.

요컨대 메타인지 및 스킬활용이 낮은 것은 45세 이상 중고령층의 인지능력(언어능력과 수리능력)이 낮아지는 것과 밀접한 관련이 있다. 언어능력과 수리능력은 단순한 문해 지식 또는 수리 지식이 아닌 개인의 정보처리능력으로서 학습역량을 측정한 것이기도 하다. 따라서 한국 성인들이 이 역량이 낮다는 것은 교육훈련의 학습 성과가 낮다는 것을 의미한다. 비록 평생학습 참여율 수준에서는 다른 국가들에 비해 크게 낮지 않지만, 평생학습의 효과성에는 의문을 제기하게 한다. 또 사업주가 지원하는 훈련이 매우 낮은 것도 비슷한 우려를 자아낸다. 반가운 외(2017)가 밝힌 바처럼 일터에서 낮은 스킬활용 역시 인지역량의 퇴화와 관련이 있다.

한국의 경우 스킬 활용 수준이 매우 낮으며 특히 문제해결, 자율, 재량, 협력은 특히 취약하다. 4차 산업혁명 시대의 빠른 기술변화와 불확실성의 증대는 조직운영의 원리가 보다 자율적이고 노동자에게 더 많은 권한을 부여할 것을 요구한다. 또, 조직운영에 적용되는 최신 정보통신 기술들은 수평적 조직의 비용은 줄이고 이득은 늘린다. 이러한 환경 하에서 노동자는 문제해결능력을 갖추고 서로 협력할 줄 아는 것이 무엇보다 중요하다. 개인의 직업(job)은 여러 가지의 직무(task)로 구성되는데, 나의 직무와 타인의 직무를 결합하여 새로 직면하는 문제를 창의적으로 해결할 수 있을 때, 불확실한 여러 상황들에 효과적으로 대처할 수 있다. 과거의 접근이 상당한 확실성 하에 하나의 업무에 하나의 직업으로 대처하는 방식이라면, 미래에는 나의 직무 중 일부를 타인의 직무 중 일부와 마치 '비빔밥'처럼 섞어서 새로운 문제를 해결해 나가는 것이 핵심이 될 것이다. 하나의 문제에 하나의 직업이라는 1대1 대응의 접근은 더 이상 유효하지 않다.

한국 노동자가 직면한 자율과 재량의 부족은 또 다른 측면에서 문제를 야기한다. 또 다시 4차 산업혁명이라는 보편성과 중국과 일본 사이의 넛 크래커라는 한국의 특수성은 한국 기업에게 상당한 수준의 조직문화 개선을 요구한다. 미래의 역량은 단순히 주어진 과업을 적절한 수준으로 잘 수행하는 수준을 넘어 탁월함을 요구한다. 지식경제 시대에 노동자의 노력과 헌신을 이끌어내는 것이 통제와 금전적 인센티브만으로는 사실상 불가능한 상황에서 이 탁월함은 반드시 자율과 재량을 전제로 하여야 한다. 노동계약이 가지는 본질적 불완전성이 증폭되는 상황에서 위계에 의한 통제 시스템으로는 개인의 노력과 동기부여를 충분히 끌어내기 힘들기 때문이다. 스스로 동기부여 되고 역량을 개발하여 최고 품질의 제품을 생산하는 노동에게 필요한 것은 자율과 재량의 조직문화인데, 한국의 일터는 이 부분이 매우 취약함을 보여주고 있다. 특히, 최근에 진입한 청년 노동력들은 과거 세대 보다 더욱더 민주적 문화에 익숙하고, 이들을 동기부여 시키기 위해서는 수평적인 조직문화와 권한 위임이 더욱더 필요할 것이다. 이러한 경향은 시간이 흐를수록 강화될 것이다.

한편, 한국의 경우 학력과잉과 스킬과잉 수준은 높고, 학력부족과 스킬부족 수준은 낮다. 즉, 일터에서 스킬의 저활용 특징이 스킬미스매치 영역에서도 그대로 확인된다. 이는 한국 노동시장의 문제가 역량의 부족이라기보다는 역량 활용의 실패에 있다는 것을 단적으로 보여준다. 한편 직무만족의 순위는 매우 낮다. 이는 한국 노동자가 진정으로 동기부여 되어 자신의 역량을 최대한 발휘하기 힘든 조직문화와 근로여건에 처해 있음을 마찬가지로 방증한다. 노동자와 경영자 간에 스킬축적과 헌신을 위한 상호 긍정적인 심리적 계약 상태가 아니라는 판단이 가능하다. 한국 노동자가 판단하는 주관적 건강 역시 순위가 매우 낮은데 이 역시 비슷한 맥락의 해석이 가능하다. 특히 주관적 건강이 노동자 개개인이 느끼는 결핍감과 불안정 때문이라면 노동자는 자신의 역량을 충분히 발휘하기 어렵다. 여러 행동과학 연구에서도 밝혀진 바처럼, 결핍감을 느끼는 개인은 자신의 능력을 충분히 발휘하지 못하고 이는 조직의 생산성 저하로 이어진다.

이러한 내용을 역량수준별, 교육수준별, 연령별, 성별, 정규직 여부, 직종별, 업종별, 부문별, 기업규모별로도 분석해 보면 한국 노동시장에서 스킬과 관련 또 다른 특성들이 관찰된다. 해당 집단별로 약간씩의 차이는 보이나 대체로 한국 노동시장에서 스킬의 축적 및 활용의 격차는 국제비교 관점에서 심각한 편이다. 예컨대 언어능력과 수리능력에서 연령별 차이는 매우 심각하며, 교육수준 및 직종별로도 스킬지도의 색깔차가 확연한 것에서 확인할 수 있듯이 차이가 상당하다.

반면 메타인지와 직무만족 등의 지표는 집단과 무관하게 최하위 수준을 보이고 있다. 평생학습참여율은 전문직, 대졸이상, 대기업의 경우 대체로 양호하나 그렇지 않은 경우 매우 낮은 수준을 보이고 있다. 이 역시 본 연구의 스킬지도를 통해 확인할 수 있다. 요컨대 정규교육 이후 조직에서의 학습기회 측면에서 양극화가 관찰되고 있으며 이것은 한국 사회 양극화의 문제를 해결하기 위해 성인학습의 포용성 확대가 시급히 요구된다고 할 수 있다. 사업주지원교육훈련의 경우 역시 기업 규모 간 격차가 뚜렷이 확인되고 있는데, 성인학습에서 큰 비중을 차지하는 재직자 훈련 부분 역시 보다 중소기업 지향적으로 개편해야 할 필요가 있다.

제 3 절

정책적 시사점

IMD 보고서의 스킬이슈 시계열 분석에서 나타난 특징은 다음과 같이 요약된다. 재직자 훈련 및 우수인력 유치와 보유에 대한 낮은 우선순위, 숙련 노동 및 우수 금융인력 이용 가능성에 대한 어려움, 우수 국내 인력에 대한 두뇌유출과 우수 외국인 인력유치에 대한 우려가 크다는 것이다. 일부 분야에서는 현 정부 들어 상황이 좋아지기도 하지만 대체로 외환위기 이후 경영자들의 평가는 나빠지고 있다. 이는 한마디로 반가운 외(2018)에서 제기한 것처럼 한국의 일터가 저스킬 균형상태에 있다는 또 다른 방증이다.

한편, PIAAC을 이용한 한국 노동시장의 스킬이슈들 중 주목할 점은 다음과 같다. 우선 한국 중장년의 스킬축적 및 활용 수준이 국제비교 관점에서 매우 취약한 것으로 나타난다. 특히 활용의 측면이 심각하다. 쓰기, 읽기, ICT에 집중된 우리나라 스킬활용은 전문직 및 사무직이 일부 영역에서 스킬을 활용하지만 나머지 영역에서는 활용 수준이 일천하다는 것을 의미한다. 기술직과 단순직에서는 대부분의 영역에서 스킬활용 수준이 떨어진다. 4차 산업혁명 시대에서 인사관리의 핵심인 자율과 재량을 바탕으로 협력하여 문제를 해결해나가도록 노동자에게 동기를 부여하고 지원해야 한다는 측면에서도 낮은 순위는 국가경쟁력을 저하하는 요인이 된다.

이는 한국 노동시장의 스킬이슈와 관련하여 중요한 함의를 가진다. 한국 노동시장 혹은 기업 현장에서는 노동과 자본 간에 숙련의 축적 및 활용을 위한 장기적인 심리적 계약관계를 형성해내지 못하고 있다. 외환위기 이후 한국 기업의 경영방식이 노동을 배제하고, 숙련을 경시하는 방향으로 흘러가고 있는 중요한 원인은 자본장비를 중심으로 한 기술적 측면 못지않게 저신뢰의 노사관계와 단기적 인적자원 관리의 기업경영 측면에서도 찾을 수 있다. 물론, 스킬과 역량을 핵심 경영자원으로 활용하는 데 실패한 것은 새로운 기술의 어쩔 수 없는 파고 혹은 단기성 위주의 기업 경영에서 찾을 수 있을 뿐만 아니라 새로이 등장한 노동세대의 특성 등 노동 공급측면에서 변화한 환경의 문제 역시 복합적으로 작용한 것이기도 하다.

노동계약은 기본적으로 불완전 계약이고, 숙련의 축적과 활용은 이러한 계약의 불완전성을 더욱 증폭시킨다. 노동과 자본 간에 숙련투자의 비용 주체와 소유 주체가 다를 수 있기 때문이다. 국가가 이러한 계약의 불완전성을 극복해내는 제도적 기제를 구축하고 적용해내지 못하면 결국 경제 전체 차원에서의 숙련 축적, 그리고 그 활용은 실패할 수밖에 없다. 기업의 생산성은 우수한 일반숙련을 가진 노동력이 해당 기업의 특수적 스킬을 축적하고 그것을 충분히 활용할 수 있을 때 확보된다. 스킬은 외부에서 일정한 기간 동안 축적할 수 있는 특성을 지니고 있기 때문에 개별 기업의 관점에서는 스킬을 내부에서 축적하는 노력 대신에 외부노동시장을 통해 스카웃(poaching)하는 것이 더 합리적 선택일 수 있다. 하지만 모든 행위자들이 이러한 전략을 구사할 경우 전형적인 죄수의 딜레마 상황에 빠지게 된다. 한국의 경우 이러한 조정의 실패가 외환위기 이후 점점 커져가고 있고, 현재는 심각한 상태라는 것을 본 장의 분석을 통해 확인할 수 있었다. 다만 현 정부 들어 어느 정도 개선되고 있지만 여전히 갈 길은 멀어 보인다.

요컨대 한국 노동시장은 외환위기 이후 스킬의 축적과 활용을 위한 집단행동의 딜레마 문제를 해결하는 데 실패한 것으로 보인다. 국가경쟁력 제고 차원에서도 스킬의 축적과 활용을 제고하기 위한 제도적 해결은 중요하고도 시급한 과제이다. 스킬의 축적과 활용과 관련된 집단행동의 딜레마 문제는 모든 집단행동의 딜레마 문제가 그렇듯이 제도의 문제로만 환원되지 않는다. 오히려 신뢰와 협력이라는 관계의 문제를 포함하고 함께 고민하여야 그 해결책의 실마리를 찾을 수 있다.

6

노동시장 국가경쟁력 강화전략 및 정책방안

제 1 절

사회적 대화를 통한 사회적 신뢰 구축 및 갈등조정 기제 강화

2019년도 IMD 세계경쟁력 연감과 WEF 글로벌 경쟁력보고서에서 나타나는 바와 같이 노동시장 분야의 국가경쟁력이 각각 36위(63개국), 51위(141개국)로 주요 OECD 선진국에 비해 중위권에 머무르고 있는 가장 큰 이유는 바로 노사관계 협력 분야에서 최하위권을 벗어나지 못하고 있기 때문이다. 특히, IMD 노동시장 세부지표 중 하나인 '노사관계'(63개국 중 63위) 및 '노동동기부여'(63개국 중 41위), WEF 세계경쟁력 연감 지표 중 하나인 '노사관계 협력'(141개국 중 130위), '노동자 권리'(141개국 중 93위) 등은 노동시장 분야에서 우리나라의 국가경쟁력 순위를 떨어뜨리고 있는 주요지표라고 할 수 있다.

그런데 노사관계 분야 지표들의 경우 대부분 대기업 CEO 또는 중소기업 CEO 및 관리자를 대상으로 한 설문조사 결과분석에 기초한 것으로서 이들이 노사관계를 바라보는 시각을 그대로 반영하고 있다. 한마디로 우리나라 기업가들이 노사관계를 바라보는 시각은 매우 부정적이어서 노조를 기업경영에서의 상생의 파트너라기보다는 기업을 운영하는 데 있어 가장 큰 골칫거리로서 기업경영과 관련 기업정보에 대한 접근에서 가능한 이들을 배제하기 위해 노력해 왔다.[1)]

따라서 이들 대기업 및 중소기업 CEO 또는 관리자를 대상으로 수행한 노사관계 관련 설문조사 분석결과를 바탕으로 노동시장 분야 국가경쟁력 순위를 결정함으로써 노동시장 분야 국가경쟁력 순위를 전체적으로 떨어뜨리고 있다는 결과를 낳고 있다. 더 큰 문제는 국내 기업의 CEO 또는 관리자들의 이 같은 적대적 노조 인식이 국외 투자자들에게 우리나라가 투자하기 힘든 곳이라는 인식을 심어주고 더 우수한 인재들이 국내 기업으로 들어오는 것을 꺼리게 만들어 결과적으로 혁신적 기업 생태계 조성을 가로막는 아이러니한 상황을 조성하고 있다는 점이다.

후쿠야마(Francis Fukuyama)가 『트러스트』(*Trust*)에서 지적하고 있듯이 한 국가의 복지와 경쟁력은 하나의 지배적인 문화적 특성, 즉 한 사회가 고유하게 가진 신뢰 수준 즉 사회신뢰(social trust)에 따라 결정된다고 할 수 있다(Fukuyama 1995). 하지만 우리나라의 경우 이처럼 노사관계 차원에서의 국가경쟁력 순위에

1) 이명박 정부 시절 유성기업, 발레오전장 등과 같은 다수의 기업이 창조컨설팅을 통해 노조파괴 전략을 세우고 실제로 의도적으로 노조를 자극하고 이를 빌미로 구사대 및 용역 청원 경찰들을 동원하여 노조를 파괴하는 방법을 구사했다는 것은 이미 많이 알려져 있다. 이와 관련한 언론 및 방송 기사로서는 '노조파괴' 악명 창조 컨설팅 대표 징역 1년 2개월…법정구속(종합)' https://www.yna.co.kr/view/AKR20180823 참조.

서 볼 수 있듯이 신뢰에 기초한 사회자본이 매우 열악하다고 할 수밖에 없다. 예컨대 IMD 세계경쟁력 연감에서 노사관계 지표가 최하위인 63위를 기록하고 있다는 점도 우리나라에서 노사 간의 신뢰 수준이 어느 정도인지를 적나라하게 보여주고 있다. WEF 글로벌 경쟁력보고서에서도 노사관계에서의 협력 지표도 141개국 중 130위로 하위권을 벗어나지 못하고 있다.

북유럽의 OECD 국가에서의 노사관계 및 협력 지표에서의 국가경쟁력 순위가 대부분 상위권에 포진하고 있다는 점을 고려할 때 노동시장 부문에서의 국가경쟁력이 세계 10권의 경제 수준에 걸맞은 선진국 대열로 진입하기 위해서는 노사관계 간 사회적 신뢰 수준을 높이기 위한 다양한 정책적 노력이 요구된다.

1) 중층적 사회적 대화를 통한 협력적 거버넌스 체제 구축

앞서 언급하였듯이 OECD 연구결과는 사회적 대화를 통한 사회적 조정 기제가 노동시장의 경쟁력을 높일 수 있는 매우 강력한 수단이 될 수 있다는 점을 강조하고 있다(OECD, 2004, OECD, 2018). 요컨대 노동시장의 안정을 통한 국가경쟁력 강화는 사용자 측의 관용과 조직노동의 순응을 통한 행동조정의 함수에 달려 있다고 할 수 있다. 2019년 출범 100주년을 맞이하여 ILO 일의 미래 글로벌 위원회에서 발간한 보고서에서도 주장하듯이 사회적 대화를 통한 사회적 합의 조정 기제의 강화만이 노동시장 분야의 국가경쟁력을 높이는 방안이 될 수 있다(ILO, 2019). 전체적으로 조정과 넓은 범위에 걸친 사회적 파트너들의 조직화된 분권화는 좋은 수준의 포용성과 유연성과 결합되어 더 나은 노동시장의 결과를 낳게 할 것이다(OECD, 2018).

이를 위해서는 중층적 사회적 대화 기구 및 소통 채널을 통한 공동결정과 참여 및 협력 거버넌스 체제 구축이 뒤따라야 한다. 중층적 사회적 대화 체제에서는 4차 산업혁명과 디지털 전환에 따른 노동자 재배치 정책, 노동자 역량에 대한 투자, 적정임금 및 사회보장, 자영업자의 사회적 보호 제도화, 공동결정제도 도입, 산별노조 단체협약 적용률 확대 등 다양한 고용 노동 관련 정책 이슈를 논의할 수 있는 정책 공간을 제공해야 한다.

2) ILO 기본협약 비준을 통한 노동자 권리 확대

노동시장 분야에서의 국가경쟁력 순위를 높이기 위해서는 노동자 권리에 대한 인식도 새롭게 가져야 한다. 노동자 권리(workers' rights)는 WEF 글로벌 경쟁력보고서가 2018년 새롭게 도입한 신규 지표로서 첫해 우리나라의 국가경쟁력 순위는 108위를 기록했다. 2019년도에 93위로 상승했으나 여전히 하위권에 머물러 있다. 이와 관련하여 ILO 출범 100주년을 맞이하여 ILO 8대 기본협약 중 아직도 우리나라가 비준하지 못하고 있는 결사의 자유 관련 87조와 98조 기본협약과 강제노동금지 관련 29조, 105조 기본협약의 비준을 둘러싼 경제사회노동위원회를 중심으로 한 사회적 논의와 합의실패는 매우 안타까운 일이다. 만약 경제사회노동위원회에서 공익안으로 합의한 수준에서 ILO 기본협약 관련 법안들이 국회에서 가결되어 동의 비준에 이르게 된다면 '노동자 권리'지표 관련 국가경쟁력 순위는 크게 상승할 것으로 예측된다.

제 2 절

임금 격차 및 불평등 해소를 위한 제도개선

노동시장의 국가경쟁력을 강화하기 위해서는 임금 격차 및 불평등 해소에도 정부와 기업이 적극적으로 나서야 한다. IMF 경제위기 이후 정규직과 비정규직 간, 대기업과 중소기업 간 임금 격차는 소득 불평등과 사회 양극화뿐만 아니라 새로운 좋은 일자리 창출과 청년층의 노동시장 내로의 진입을 가로막는 이중의 장벽이 되고 있다. 경제위기 이후 기업은 높은 임금의 정규직 노동 대신 인건비 비용 절감을 위해 비정규직을 선호해 왔으며, 학교 졸업 후 노동시장으로의 진입을 앞둔 청년층의 경우 대부분 불안정한 저임금 비정규직 노동으로 취업하거나 노동시장 내에서 비자발적 실업자 또는 대부분이 오로지 대기업 취직을 위해 재수, 삼수 등을 감수하거나 중소기업 대신 공무원과 공공기관 취업을 선호하는 취업준비생으로 전락하고 있다.

앞서 3장에서 언급하였듯이 대기업과 중소기업 간 임금 격차와 임금 불평등은 기업별로 파편화된 임금 결정 등 분권화된 단체교섭제도로 인해 노사 간 행동조정이 거의 이루어지지 않고 있기 때문이다.

그 결과 노동시장에서는 임금 불평등이 크게 확대되고 청년층들은 대기업 평균 임금의 절반 수준인 저임금과 상대적으로 노동조건이 열악한 중소기업에 대한 취업을 꺼리면서 청년층 고용의 양과 질은 최악의 상태를 면하지 못하고 있다. 이러한 청년고용의 악화는 다시 이들의 결혼 기피 및 출산율 저하로 이어져 사회 지속성의 위기감까지 나타나고 있다. 따라서 임금 격차와 불평등 해소를 위한 제도적 장치 마련이 시급한 과제가 되고 있다.

1) 대·중소기업 간 이익 공유를 통한 좋은 일자리 창출

괜찮은 양질의 일자리 창출 및 제공 문제는 고용·노동시장 분야의 핵심적인 정책과제가 되고 있다. 하지만 민간대기업 부문의 일자리는 성장세가 멈추어 있고. 그나마 제공되고 있는 중소기업 일자리는 국내 젊은 청년들 사이에서 외면 받고 있다. 대기업에서의 새로운 일자리 기회는 늘지 않고 있는 가운데, 중소기업의 일자리가 값싼 임금의 외국인 노동자로 채워지고 있는 현 상황을 근본적으로 바꾸지 않는 한, 국내 청년 일자리 문제는 해결되지 않을 것이다. 따라서 현 단계에서 양질의 일자리 창출을 위해서는 대기업 중심으로 된 경제구조를 강소기업 중심의 경제구조로 바꾸는 개편 노력과 함께 현재와 같은 대기업-중소기업 원·하청 관계 구조 및 제도를 바꾸기 위한 제도적 장치 마련이 필요하다.

일본의 경우처럼 대기업의 대졸 초임 대비 중소기업의 대졸 초임 비율이 90%대에 이르는 임금구조를 갖도록 대기업과 중소기업 간 임금 및 노동조건의 격차 해소를 위한 다양한 정책 노력을 기울여 나갈 필요가 있다. 현재와 같이 대입과 중소기업 간 큰 임금 격차가 지속하는 한, 청년층들이 중소기업의 일자리를 꺼릴 것이다. 따라서 원청 대기업과 하청 중소기업 간 임금격차를 획기적으로 줄일 정책방안에 대한 모색이 필요하다. 이와 관련하여 독일의 대기업과 중소기업 간의 이익공유제도의 법제화는 대기업과 중소기업 간 임금격차 해소와 논란이 되는 최저임금 인상을 뒷받침할 수 있는 좋은 개혁 사례가 될 수 있다(김남근, 2019).

최근 급격한 최저임금 인상에 따른 중소기업가 및 자영업자들의 강력한 반발은 최저임금 인상을 뒷받침할 수 있는 물적 토대에 관한 세밀한 연구 및 준비 없이 급격한 인상을 추진했기 때문이다. 원청인 대기업이 하청 중소기업의 비용 단가에 대한 정보 독점과 하청 단가에 대한 인하 압박이 지속하는 한 그리고 매년 오르는 임대비용에다 프랜차이즈 모기업이 가맹점에 무리한 물품 강매 강요 및 시장가격보다 훨씬 비싼 재료비를 요구하는 한, 중소기업가와 자영업자들이 최저임금을 올리는 여력에 한계가 있을 수밖에 없었다. 그 결과 새 정부 들어 경제개혁을 뒷받침할 수 있는 주요 사회적 행위자인 이들이 오히려 정부 정책에 반대하는 세력으로 귀결되었다. 따라서 문재인 정부는 최저임금 인상 정책과 함께 이를 뒷받침할 수 있는 재벌구조 개혁, 원·하청 관계 정상화 등 경제구조 개혁 과제도 적극적으로 추진했어야 했음에도 불구하고 정권 초기 개혁의 타이밍을 적절히 살리지 못했다는 평가를 받고 있다(이종선, 2018).

2) 임금 격차 해소를 위한 단체교섭제도 개선

임금 격차 문제와 관련하여 우리나라가 안고 있는 주요한 문제점 중의 하나는 산업부문별 임금조정이 제대로 이루어지지 않고 있다는 점이다. 그 결과 대기업과 중소기업 노동자 사이에 임금 격차가 날로 벌어지고 있다. OECD 구분에 따르면 우리나라는 완전히 분권화된 단체교섭제도를 갖추고 있으며, 임금 결정은 개별 기업 단위로 파편화된 구조로 되어 있다(박동, 2005). 이에 따라 노조로 조직화하지 못한 노동자 대부분은 시장 메커니즘에 따라 임금이 결정되는 반면, 강력하게 조직화된 대기업 노동자들은 기업별 노조 형태에 기대어 단기적 이익추구 행동 패턴 속에서 결정되는 노조 임금을 통해 여타 노동자들보다 훨씬 높은 임금을 받고 있다. 이러한 노동시장 내에서의 임금 격차를 해소하지 않는 한 국가경쟁력은 지금보다 더 떨어질 가능성이 있다.

현재 상태가 지속하는 한 생산성이 높은 산업 분야에서조차 새로운 투자가 확대되기 어려울 것이다. 고용주의 국내 투자 기피 전략은 대기업 조직노동자들이 단기이익의 극대화 명분을 제공하고 그 결과는 괜찮은 일자리의 급격한 감소에 따른 실업률 확대와 청년층의 노동시장 진입 실패로 귀결될 가능성 크다. 따라서 노사의 단기적 이익 행동 패턴을 막기 위해서는 기업노조 단위에서의 단체교섭의 틀을 뛰어넘는 업종별 또는 산별노조 차원에서의 단체교섭 틀에 대한 모색이 요구된다. 이와 관련하여 최근 경제사회노동위원회 산하에 설치되어 운영하는 금융산업위원회, 해운산업위원회, 보건의료위원회, 공공기관위원회 등 업종 및 산업별 위원회 활동도 이들 관련 업종 및 산별노조 차원에서의 임금 격차 및 임금조정을 위한 단체교섭 틀에 더 많은 정책적 관심을 가질 필요가 있다.

제 3 절

일과 생활 균형을 통한 젠더 격차 해소

노동시장 분야 국가경쟁력에서 중하위권으로 낮게 평가되고 있는 세부지표 중 하나는 바로 여성 노동력 순위이다. IMD가 발표한 세계경쟁력 연감에서 2018년 여성 노동력 비율 순위는 전체 63개 중 44위를 기록하고 있다. 그만큼 우리나라의 여성들이 다른 나라에 비해 경제활동에 참여하고 있는 비율이 상대적으로 낮다는 것을 의미한다. 이러한 여성 노동력 세부지표에 대한 국가경쟁력을 강화하기 위해서는 여성들이 실제 노동시장에서 활동할 수 있도록 하는 사회적 환경 및 여건 조성이 전제되지 않으면 안 된다.

1) 일·가정 양립을 '워라벨' 문화 확산

최근 이와 관련하여 공공 및 민간부문에서의 일과 생활의 균형(Work & Life Balance)에 대한 사회적 관심과 정책적 노력이 이어지고 있다. 여성 노동자의 경제활동참여율을 높이기 위해서는 출산 및 자녀 양육 등 일·가정 양립을 위한 다양한 유연근무제 도입과 경력단절 문제해결을 위한 사회적 서비스 돌봄 영역의 강화 및 가사 육아 부담 완화 그리고 시간제·기간제 노동자 보호장치 및 노동자 안전과 건강한 노동권리 보장도 이루어져야 한다. 최근 저출산 고령화 사회 추세와 맞물려 이에 대응하기 위한 모성 육아 휴가 확대, 남성 육아휴직사용률 제고, 시차출퇴근제, 선택적 근무제, 요일 근무제 등 다양한 유연근로제 시행도 요구된다.

2) 젠더 차별 해소를 위한 적극적 조치 제도 강화

노동시장 분야에서의 국가경쟁력을 보다 강화하기 위해서는 공정한 기회보장으로 여성의 경제활동참여를 보다 확대해 나갈 필요가 있다. 특히 여성의 고용의 질 개선을 위해 시간제 단기 일자리 위주로 시행되고 있는 현재의 여성 취업 정책에서 탈피하여 교육기회를 보다 확대하고 다양한 직업훈련을 통해 고용기회를 확대해야 한다. 또한, 노동시장 진입 과정에서의 젠더 차별, 임금 격차, 유리천장 해소를 위한 적극적 조치 제도의 실효성을 높이고 공정한 기회보장을 위한 고용주의 책무성을 보다 강화해야 한다. 이를 위해 고용차별 시정을 위한 근로감독 강화와 상담 창구를 보다 확대해 나갈 필요가 있다.

제 4 절

디지털 전환에 따른 하이-로드 전략과 스킬 교육 강화

4차 산업혁명 시대의 디지털화 경향은 광범위한 일상생활 영역과 생산 및 노동과정 등 사회 전 영역으로 확산할 것으로 예측된다. 현재 무인자동차, 3D 프린팅, 로봇, 인공지능 등의 산업 영역에서 디지털화와 정보통신기술 사용의 극대화가 빠르게 진행되고 있다. 디지털화는 인간관계의 네트워크뿐만 아니라 사물 간의 네트워킹 시대로 진화하면서 급속한 사회변화가 예상되고 있다. 4차 산업혁명 시대의 디지털화 추동력은 모바일 인터넷과 클라우드 컴퓨팅, 로봇과 센서, 사물인터넷을 통한 빅 데이터 형성과 인공지능의 결합 등 세 측면으로 전개되고 있다(BMAS, 2017).

디지털 전환 기술의 핵심에는 사이버 물리 시스템(Cyber-Physical System)이 있다. 사이버 물리 시스템, 즉 사물인터넷(Internet of Things)을 통해 인간과 사물 간 네트워킹이 가능해지고 있다. 또한, 네트워킹 속에서 생성된 빅 데이터와 이를 분석해 줄 수 있는 인공지능(AI)의 발전으로 디지털화된 사이버 물리 시스템 속에서 인간, 기계, 상품이 연결되고 인간과 로봇 연결도 가능해질 전망이다. 이에 따라 기존 생산패러다임뿐만 아니라 인간의 삶의 근원인 노동패러다임도 근본적으로 변화하고 있다.

4차 산업혁명 시대의 디지털화에 따라 노동시장 불안정과 불균형은 더욱 심화할 것으로 보인다. OECD 예측에 따르면 자동화로 인해 향후 15년간 14%의 근로자가 일자리를 잃을 위험에 처할 수 있으며, 또 다른 30%는 일자리의 큰 변화를 맞게 될 것으로 전망된다(G7 장관회의 OECD 보고서, 2018. 5). 특히 디지털 전환에 따른 일자리 변화와 관련하여 나타나게 될 일자리 미스매치(job mismatch)와 스킬 미스매치(skill mismatch)의 양상은 지금까지와 달리 폭과 정도가 더욱 심할 것으로 보인다. 4차 산업혁명에 따라 향후 노동시장은 중간 수준의 스킬(middle skills)을 가진 노동자가 크게 주는 대신 낮은 스킬(low skills)을 가진 노동자와 높은 스킬(high skills)이 요구되는 일자리 군으로 노동시장의 양극화가 극대화할 가능성이 크다. 높은 스킬을 가진 노동자는 장기간의 고등교육이 수반되어 그 수가 적은 반면, 낮은 스킬을 가진 노동자의 경우 디지털 전환으로 인한 사회적 비용에 대한 감내는 물론 이를 극복할 교육기회조차 적을 것으로 전망된다. 따라서 이에 대한 범정부 차원에서의 적극적인 정책대안 마련이 요구된다.

1) 좋은 일자리 창출을 위한 하이-로드 전략과 미래투자 교육

제4차 산업혁명과 디지털 전환의 진전으로 중간수준 스킬의 인력이 사라질 가능성이 크다. 이에 따라 향후 중간수준 스킬의 노동 인력은 대부분 구조조정의 대상으로 전락할 가능성이 있다. 동시에 고급 스킬의 노동력 부족 문제는 한층 심화할 것으로 보인다. 따라서 중간수준 숙련 인력을 고숙련 인력으로 바꾸기 위한 전략과 대안 마련이 필요하다. 특히 고숙련 인력 양성은 구조적이고 시간이 많이 소요되는 만큼 4차 산업혁명과 디지털 전환을 뒷받침해 나가기 위한 교육혁명이 시급한 과제가 되고 있다.

먼저 디지털 전환에 따른 좋은 일자리 제공을 위한 하이-로드(High-Road) 전략과 미래투자 교육이 필요하다. 4차 산업혁명 시대의 성장전략은 디지털화 전환에 따른 노동시장 구조의 양극화로 포용적 선순환 고용구조의 하이-로드(High-Road)와 노동배제적 악순환 고용구조(vicious cycle)의 로-로드(Low road)라는 두 갈래 길에 직면하고 있다. 4차 산업혁명과 디지털 전환시대를 선도하기 위해서는 좋은 일자리 제공을 위한 선순환 고용구조(virtuous cycle)인 하이-로드(high road) 전략은 고등교육과 직업훈련→고숙련→좋은 일자리→고임금→고소비→고성장으로 이어지는 포용성장 모델을 지향해 나갈 필요가 있다.

하이-로드 전략의 핵심은 디지털 전환에 빠르게 적응할 수 있는 능력을 갖춘 고급인력의 대규모 양성에 있다. 현재의 고등교육과 직업훈련과 같은 단순한 암기교육, 인지 기술 교육만으로는 미래 시대의 우수인력을 양성할 수 없다. 4차 산업혁명의 핵심 인력이라고 할 수 있는 사이버물리시스템 설계, 인공지능, 빅데이터 분석 인력 등은 하루아침에 만들어지지 않는다. 따라서 초등교육 단계부터 컴퓨터 기초언어라고 할 수 있는 코딩교육을 의무화하고 코딩교육 시간을 보다 확대하여 나갈 필요가 있다. 현재 코딩교육이 초등학교 필수과정으로 지정되어 있지만, 코딩교육을 이끌어줄 수 있는 교사가 매우 부족한 상태이기 때문에 전문 코딩 강사와 교사 양성이 시급한 과제가 되고 있다. 이와 함께 학교 현장의 낡은 컴퓨터 교체 및 교육시설 지원에 대한 예산 지원도 강화해야 한다. 또한, 유치원에서부터 생애 전 주기에 걸친 고등교육(High Education)을 받을 수 있는 기여 부여 및 평생교육(Lifelong Education)을 위한 과감한 미래투자 교육을 시행해야 한다.

2) 디지털 전환에 따른 노동자 보호 시스템 구축

디지털 전환에 따른 노동의 시공간적 유연성과 노동과 사적 생활 영역 간의 경계선 약화에 따른 24시간 노동체제에 대한 노동자 보호 시스템을 마련할 필요가 있다. 이를 위해 노동과 휴식 시간 경계 구분을 위한 노동시간 선택 및 노동시간 결정의 권리,

원격 노동의 권리 등 노동자 권리 보호를 위한 법·제도 장치가 마련되어야 한다(예: 독일의 노동시간 선택법, 근무시간 이후 카카오톡을 통한 업무지시 금지 등). 4차 산업혁명과 디지털화 따른 다양한 노동유형을 인정함으로써 개인의 선택과 자율성은 보장하되, 점차 모호해 지고 있는 고용과 노동, 전일제와 시간제, 직장과 가정생활 등의 경계선 구분에서 비롯되는 새로운 고용형태의 노동조건과 일자리 질 보호, 불안정 노동자에 대한 보호조치 등 관련 법·제도가 마련되어야 한다.

또한 건강한 노동권리 보장을 위해 해당 노동자가 갖춘 자격에 합당할 뿐만 아니라 개인이 가지고 있는 개인 역량과 잠재력을 충분히 발휘할 수 있도록 노동으로 인해여 발생하는 질병으로부터 노동자 보호 및 건강 증진을 도모하고 육체적, 심리적, 사회적 차원에서 모두 만족스러운 상태에 도달할 수 있도록 정부가 최대한 지원하여야 한다(예: 독일 노동보호 4.0).

3) 특수고용 및 플랫폼 노동자 기본권 보장

디지털 전환으로 새롭게 형성되고 있는 특수고용 및 플랫폼 노동자의 기본권 보장에도 적극적으로 나서야 한다. 택배 노동자, 보험설계사, 학습지 교사 등 기존의 특수고용노동자뿐만 아니라 새로운 고용형태인 플랫폼 노동에 노동기본권 및 안전 보호장치도 마련해야 한다. 지난 20년 가까이 '노동권 사각지대'에 놓여있던 택배 노동자, 보험설계사, 학습지 교사에 대한 노동삼권(단결권, 교섭권, 행동권)을 보장하기 위한 별도의 법률 제정 또는 '노동조합 및 노동관계조정법'상 노동자에 특수고용 노동자가 포함되도록 하는 관련 법 조항을 개정해야 한다. 동시에 새롭게 형성되고 있는 라이더, 대리기사 등 플랫폼 노동에 대한 노동자성 인정 및 4대 보험 가입과 비용부담에 대한 기업의 사회적 책임 논의도 함께 이루어져야 한다.

제 5 절

노동시장 포용성과 사회안전망 확대

1) 지역사회 중심 포용성장 및 미래 일자리 모델 창출

디지털 전환에 대비 지역사회 특성과 경쟁력 제고를 통한 성장모델과 일자리 모델 구축을 위해서는 지역 경제·사회행위자들의 고용·노동정책 거버넌스 구조 확립 및 지역 일자리, 실업·빈곤 해소 연계 방안에 대한 적극적 모색이 요구된다. 지역 차원에서의 사회적 대화 기구를 통해 기업, 산업, 지역 간 실업자 재배치 문제뿐만 아니라 실업자 능력개발, 실업자 보호를 위한 소득 및 재취업 지원, 실직 예방 및 조기개입 지원 노력이 필요하다.

지역 노사민정협의회의 실질적 운영 및 사회적 대화의 활성화를 통해 지역 내 일자리와 현지 대학 및 노동자 사이의 일자리 수요 공급에 대한 매칭 사업을 보다 강화해 나갈 필요가 있다. 또한 현재 한국이 당면한 국내외 경제 환경과 여건에 비추어 당분간 경제 침체와 저성장 기조가 그대로 유지될 것으로 보임에 따라 새로운 일자리 창출 여력도 크지 않아 보인다. 따라서 지역 내 사회적 기업 확대, 노동시간 단축과 일자리 나누기, 사회서비스 일자리 확대사업에도 더욱 역점을 두어야 한다.

디지털화에 따른 노동자의 소득의 불안정과 시스템 종속성에 대한 대안적 공유경제 모델에 대한 적극 지원, 사회적 연대 및 가치협력을 지향하는 사회적 기업과 협동조합 운영 및 예산에 대한 지자체 차원에서의 지원 방안도 강구되어야 한다.

2) 노동 취약계층에 대한 사회안전망 확대

4차 산업혁명과 디지털 전환에 따른 노동시장 구조의 변화와 전환에 대비하여 노동시장 내 동등 기회 제공을 위한 교육기회 확대 및 차별을 적극적으로 해소하고 취약계층 및 한계 노동자에 대한 사회안전망도 크게 확대해 나갈 필요가 있다. 사회안전망 확대는 전 생애주기에 걸친 노동시장 내 각 이행형태에 따른 사회적 위험으로부터 노동자 보호하기 위한 평생 능력개발, 실직 급여 및 취업 지원 프로그램 확대, 사회적 취약계층을 위한 노동 세제 혜택, 취업훈련, 건강, 보육, 주택, 교통 등 포괄적 사회정책 및 정부 지원을 통해 이루어진다.

한국경제의 축인 남동 및 서남권 제조업 단지의 구조조정 한파와 디지털 전환에 따른 실업자 증가 및 장기실업자에 대한 실업급여 지급률 확대 및 기간 연장 등 실업 대책이 요구되고 있다. 특히 거제, 통영, 창원, 구미 지역 등 지역경제 침체 및 실업 위기 극복을 위해 산업구조 전환과 전직 교육훈련 지원을 강화해야 한다. 최근 공공기관 비정규직의 정규직 전환 노력에도 불구하고 2018년 8월 말 현재 비정규직 노동자는 전체 임금노동자의 33%로 지난 6년 사이에 가장 높게 나타나 전체 노동자의 삶과 노동조건은 크게 나아지지 않고 있어서 사회적 취약계층에 대한 사회 보호 체계 개선 및 지원 확대 방안도 강구해야 한다.

이를 위해 적극적 노동시장 정책과 사회정책 병행으로 공공부문 노동시장 프로그램 및 예산지출 확대를 통한 노동역량 강화 및 실업의 위협으로 자유로울 수 있는 직업교육 및 평생교육 권리를 보장해야 한다. 예를 들면, 디지털 전환에 대비한 평생교육, 직업훈련 및 자격취득 교육 지원 확대, 성장과 일자리 창출 기업 창업지원, 한계산업 구조조정과 노동자 직업 능력 전환 교육 등을 제공해야 한다.

7
결 론

제 1 절

연구결과 및 요약

노동시장 분야는 매년 우리나라의 국가경쟁력 종합순위를 크게 낮추는 평가지표로 지적되고 있다. 실제로 앞서 살펴보았듯이 2019년 IMD 국가경쟁력 노동시장 분야에서 우리나라는 전체 63개국 중 38위로 종합순위인 28위에 크게 미치지 못하고 있다. 또한, 2019년 WEF 국가경쟁력 평가에서도 노동시장 분야는 평가대상 141개국 중 51위로서 2018년도 48위에서 3단계 떨어진 것으로 나타났다. 특히 노동시장 분야의 노사관계 지표는 꼴찌를 면하지 못하고 있다. 2019년도 IMD 노사관계 순위는 전체 대상국 63국 중 63위, WEF 국가경쟁력 노사관계 협력 지표는 141개국 중 130위를 기록하고 있다(IMD, 2019; WEF, 2019).

이 연구는 IMD와 WEF의 국가경쟁력에서 매우 낮은 평가를 얻고 있는 노동시장 분야에 대해 심층 분석함으로써 낮은 평가순위의 원인과 문제점 그리고 향후 노동시장 분야에서 국가경쟁력을 높이기 위한 정책 대안이 무엇인지 제시해 보고자 하였다. 연구결과 우리나라의 노동시장 분야에서 국가경쟁력이 다른 평가지표에 비해 매우 낮게 평가되고 있는 몇 가지 원인을 찾을 수 있었다.

우리나라의 국가경쟁력 순위에 대한 분석결과, 객관적인 통계자료에 기초한 평가지표의 경우 대체로 순위가 양호하지만, 설문지 조사에 기초한 평가지표의 경우 그 순위가 매우 낮게 나타나고 있다는 점이다. 특히 IMD와 WEF의 국내 파트너기관인 대외경제정책연구원(KIEP)과 한국개발연구원(KDI)에서 수행하고 있는 설문조사의 경우 그 대상 집단이 대기업 또는 중소기업 CEO들로서 이들의 노사관계에 인식이 좀처럼 바뀌지 않고 있음을 다시 한 번 확인시켜주고 있다. 이 같은 국내 대기업 및 중소기업 CEO를 대상으로 한 설문조사에 기초한 노사관계 및 노동시장 분야 국제경쟁력 순위 결과는 외국 자본의 국내 노동시장에 대한 부정적 인식을 심어줄 뿐만 아니라 국내 산업투자를 꺼리게 만드는 요인이 되고 있다.

앞서 지적하였듯이 노사관계 및 노동시장의 안정을 통한 국가경쟁력 강화는 노사 간 사회적 신뢰와 대화를 통한 행동조정의 함수라고 말할 수 있다. OECD 및 EU 국가를 대상으로 한 연구결과에서도 나타나듯이 노사 간 협상(negotiation)과 협의(concertation)를 통한 조정은 노동시장의 경쟁력을 높일 수 있는 매우 강력한 수단이라고 할 수 있다. 하지만 우리의 경우 기업별 노조 중심의 파편화된 임금 결정과 분권화된 단체교섭제도로 노사 간 행동조정이 거의 이루어지지 않고 있다. 그 결과 한국 노동시장에서의 임금소득 불평등은 OECD 국가 중 최고수준을 기록하고 있으며, 청년층 실업과 고용 불안정이 더욱 심화하고 있다.

이 같은 한국 노동시장의 누적된 모순을 해소하기 위해서는 노사정 간 긴밀한 사회적 대화의 지속과 진정한 의미에서 노사 간 화해와 협력이 요구되고 있다. 이러한 노사협력을 바탕으로 기업은 4차 산업혁명 등 새로운 신기술 분야에 대한 투자를 확대하고, 노동자들은 신기술 교육에 적극적으로 참여하며, 정부는 신기술 습득을 위한 교육 및 훈련, 그리고 실업 및 취약노동 계층에 대한 사회안전망을 꾸준히 확대해 나갈 때 현재보다 높은 수준의 노동시장 경쟁력을 확보할 수 있을 것이다.

임금 및 보수수준에서 우리나라의 국가경쟁력은 중하위권 수준에 머물고 있다. 또한, 여성고용률, 유리천장 지수 등에서 볼 수 있듯이 젠더 분야 노동시장 국가경쟁력은 조사대상 국가 중 최하위권에 머물고 있다. 따라서 여성 노동력 지표와 관련한 국가경쟁력을 강화하기 위해서는 여성들이 실제 노동시장에서 활동할 수 있도록 사회적 환경 및 노동여건을 조성하지 않으면 안 된다.

공공 및 민간부문에서의 여성 노동자의 경제활동참여율을 높이기 위해서는 출산 및 자녀 양육 등 일·가정 양립을 위한 다양한 유연근무제 도입과 경력단절 문제를 해결하기 위한 사회적 서비스 돌봄 영역의 강화 및 가사 육아 부담 완화, 그리고 시간제·기간제 노동자 보호 제도장치도 함께 모색해야 한다. 특히 여성 노동자의 경력단절을 막기 위한 모성 육아휴가 확대, 남성 육아휴직사용률 제고, 시차출퇴근제, 선택적 근무제, 요일 근무제 등 다양한 유연근로제 시행도 요구된다. 노동시장 진입 과정에서 젠더 차별, 임금 격차, 유리천장 해소를 위한 적극적 조치 제도의 실효성을 높여나갈 필요가 있다. 이를 통해 공정한 기회 보장으로 여성의 경제활동참여를 보다 확대하고 시간제 단기 일자리 위주에서 벗어나 사회 전 분야에서 일할 수 있도록 다양한 교육 및 직업훈련 기회를 제공해야 한다.

한국 노동시장의 국가경쟁력과 관련하여 국내 스킬 축적 및 활용 수준에 대한 문제점도 지적하지 않을 수 없다. IMF 경제위기 이후 한국 기업의 경영방식이 노동을 배제하고, 스킬 축적 과정을 경시하는 방향으로 흘러가고 있다. 특히 저 신뢰의 노사관계와 단기 위주의 기업경영 및 인적자원 관리는 국내 노동시장 내에서의 스킬 축적을 가로막는 요인이 되고 있다. 기업의 생산성은 우수한 노동력이 해당 기업의 특수적 스킬을 축적하고 그것을 충분히 활용할 수 있을 때 확보된다. 하지만 최근 국내 기업들은 내부에서 스킬을 축적하는 노력 대신에 노동시장을 통해 다른 기업의 인력을 빼내오는 방식을 선호하고 있다. 하지만 모든 기업들이 이러한 단기적 이해에 기초한 행위 전략을 선호할 때 노동시장 국가경쟁력 강화는 더욱 힘든 과정이 될 것이다. 따라서 노동시장의 국가경쟁력 강화 차원에서도 스킬 축적과 활용을 높여가기 위한 사회적 대화와 협력이 무엇보다 중요하다고 할 수 있다.

제 2 절

이론적 함의

우리나라의 IMD와 WEF 국가경쟁력 순위 평가에서 노동시장은 항상 경제 성과와 기본 인프라 등 다른 평가지표에 비해 매우 취약한 분야로 인식되어왔다. 그중에서도 노사관계 및 노사협력 그리고 노동자 권리 지표 순위는 최하위를 면치 못하고 있다. 그런데 IMD와 WEF 등 국가경쟁력 평가 보고서에서 우리나라 사례가 보여주고 있는 가장 큰 특징은 국제 기본통계 등 객관적 세부 평가지표에서는 매우 높은 평가를 받고 있지만, 주관적 세부 평가지표에서는 경제적 수준이 우리보다 상대적으로 낮은 국가들에 비해서도 훨씬 못한 평가를 받고 있다는 점이다.

IMD 국가경쟁력 보고서의 노동시장 분야 평가에서 국가경쟁력 순위가 10단계 이상 급변하는 것은 그만큼 평가방법과 기준이 매우 불안정하고 그 평가결과에 대한 신뢰성도 크게 의심하지 않을 수 없다. 이와 관련하여 IMF와 WEF 국가경쟁력 평가에서 두 기관이 활용하고 있는 통계 지표의 경우 IMF, World Bank, WTO 등 국제기구 및 각국 정부 통계를 직접 수집하여 분석하기 때문에 국가 간 비교평가에서 큰 오류는 없어 보인다. 하지만 개별 국가 내 파트너기관을 통한 설문 조사결과를 토대로 한 평가지표의 경우 조사설계 단계에서부터 편향된 통계상 오류가 개입할 소지가 크다는 점을 지적할 수 있다.

실제로 노사관계 및 노사협력 등 노동시장 지표에서 우리나라가 최하위 순위 평가를 받는 주요 원인으로서는 두 기관의 평가방식이 주관적 지표일 뿐만 아니라 조사평가 대상도 대기업 및 중소기업의 CEO에 한정되어 편향된 표본에 대한 조사 결과라는 점을 지적할 수 있다. 하지만 더 큰 문제는 이들 설문 조사대상인 기업 CEO들의 노사관계 및 대(對) 노조 인식이 다른 주요 OECD 국가보다 매우 부정적이라는 데 있다. 이는 문재인 정부가 노동존중사회 실현을 핵심 국정지표로 삼아 사회적 대화 활성화 및 기울어진 운동장에서의 노사관계 틀을 바꾸고자 노력하고 있음에도 불구하고 실제 노동시장 및 노사관계 관련 법・제도화는 미미할 뿐만 아니라 정책성과도 제대로 나타나지 않고 있다는 점을 말해준다. 따라서 국내 파트너기관에서 수행하고 있는 설문조사 대상 집단의 표본 선정과정에서의 편향적 오류 또는 노사관계 등 주관적 평가지표에 대한 긍정적 인식제고 노력이 시급히 요구된다.

요컨대 노동시장 내 주요 사회행위자 간 낮은 사회적 신뢰와 사회적 자본이 부족한 상황에서는 물적 요소 및 인적요소에서의 자원 배분이 아무리 효율적으로 이루어진다고 하더라도 국가경쟁력 강화는 요원할 뿐만 아니라 소기의 정책성과도 거두기 어렵다고 할 수 있다. 따라서 노동시장 내 주요 사회행위자 간 사회적 신뢰와 사회자본을 축적하기 위한 중앙, 산별, 업종, 지역 등 다양한 차원에서의 중층적 사회적 대화 채널의 가동과 끊임없는 대화, 그리고 각 수준에서의 합의 내용의 실천만이 궁극적으로 노동시장 국가경쟁력 강화를 위한 최선의 방도라고 할 수 있다.

부 록

<부록 1> 우리나라 IMD 세계경쟁력 변화 추이: 노동시장 분야 (1)

분야 \ 연도	00	05	10	11	12	13	14	15	16	17	18	19
보상수준	32	37	38	38	38	40	39	42	40	40	43	-
단위노동비용	-	17	18	39	27	24	25	30	-	-	-	-
서비스 전문직 / 생산관리자 보수	-	-	-	-	34	-	-	26	-	-	20	-
서비스 전문직 / 초등학교교사 보수	32	-	-	-	55	-	-	40	-	-	36	-
서비스 전문직 / 개인 비서 보수	30	-	-	-	38	-	-	32	-	-	34	-
서비스 전문직 / 콜센터 직원 보수	-	-	-	-	41	-	-	33	-	-	32	-
경영진 보수	-	16	28	27	30	33	39	44	48	50	47	-
경영진/ CEO 보수	11	16	31	34	38	38	44	49	52	53	51	-
경영진/기술자 보수	-	18	26	27	30	29	36	38	43	46	45	-
경영진 / 제조업 감독 보수	11	20	26	24	29	28	36	39	45	46	43	-
경영진 / 인적 자원 감독 보수	11	14	24	26	29	29	33	41	46	49	46	-

자료: IMD, *World Competitiveness Yearbook*(2000~2019)

<부록 2> 우리나라 IMD 세계경쟁력 변화 추이: 노동시장 분야 (2)

분야 \ 연도	00	05	10	11	12	13	14	15	16	17	18	19
보수 격차	4	-	-	-	28	-	-	46	-	-	37	-
노동력	17	14	13	15	15	15	15	15	15	15	14	-
노동력(%)	32	29	26	24	22	20	14	12	12	11	9	-
노동력 성장	15	19	-	14	21	22	9	26	33	23	40	-
노동력 장기 성장	32	10	-	-	-	-	9	10	9	10	19	-
파트타임고용	34	32	33	30	35	32	33	33	32	26	-	-
여성노동력	33	37	45	47	47	46	47	47	48	48	44	-
외국인 노동력	27	29	-	-	-	-	-	-	28	30	14	-
숙련노동	35	29	50	50	45	40	32	23	48	41	37	34
금융스킬	38	38	48	46	43	39	38	33	45	41	47	34
인재 유치 및 보유	-	-	1	2	1	20	12	13	21	27	36	14
두뇌유출	30	21	42	44	49	37	46	44	46	54	43	30
유능한 중견관리자	42	27	49	52	49	44	40	45	52	49	48	48
노동시간	1	4	11	14	13	14	12	11	12	11	11	-
노동동기부여	33	33	28	37	25	42	49	55	59	59	61	41
노사분규	35	34	30	30	33	29	23	26	28	32	5	-
도제제도	-	-	-	-	-	22	40	35	44	41	30	18

자료: IMD. *World Competitiveness Yearbook*(2000~2019)

<부록 3> 우리나라 WEF 글로벌 경쟁력 변화 추이: 노동시장 분야

분야 \ 연도	2015~16 (140)	2016~17 (138)	2017~18 (137)	2018 (140)	2019 (141)
노동시장	-	77	73	48	51
유연성	-	-	-	-	97
해고 비용 (주급 기준)	117	112	112	114	116
고용 및 해고 관행	115	113	88	87	102
노사관계 협력	132	135	130	124	130
임금 결정 유연성	66	73	62	63	84
적극적 노동시장 정책	-	-	-	30	20
노동자 권리	-	-	-	108	93
외국인 노동 용이성	-	-	-	104	100
국내 노동 이동성	-	-	-	75	70
능력위주 및 인센티브 부여	-	-	-	-	25
전문경영인 의존도	37	30	39	61	54
급여와 생산성	24	16	15	16	14
남성노동자 대비 여성노동자 임금 비율(%)	91 여성노동력 비율	90 여성 경제참가율	90 여성 경제참가율	53	59
노동세율(%)	-	-	-	56	55

자료: WEF, *The Global Competitiveness Report*(2015~2018)

참 고 문 헌

경제사회연구회. 2005. 『국가경쟁력 제고방안 연구』, 경제사회연구회.

국가경쟁력강화위원회. 2012. 『대한민국 국가경쟁력 리포트』, 매일경제신문사.

국정홍보비서관실. 2007. 「참여정부 4편 평가와 선진한국 전략」.

기획재정부. 2018. “2018년 세계경제포럼(WEF) 국가경쟁력 평가 결과,” 보도참고자료(2018. 10. 16).

_____. 2019. “2019년 IMD 국가경쟁력 평가 순위 28위,” 보도참고자료 (2019. 5. 28).

김미곤 외. 2017. 미래 사회정책: 비전 ‘사회보장 2040’ 기초연구. 한국보건사회연구원.

김철수・박영희. 2017. 「일자리 전망 및 향후 과제」, 『일자리비평』, 제23호: pp. 130~162.

김판석. 1994. “세계화시대의 정부부문 경쟁력 제고: 도전과 기회,” 『한국행정학보』 28(4): 1525~1548.

뉴시스. 2019. “기재 차관 ‘노사분규 선제교섭 지원 등 노동시장 개선노력 지속”. 2019. 6. 17.

대통령자문 정책기획위원회. 2006. 사회 비전 2030: 선진복지국가를 위한 비전과 전략. 서울:대통령자문 정책기획위원회.

박동. 2005. 『한국 노동체제의 변화와 사회협약의 정치』, 동도원.

박재완. 2006. "WEF 국가경쟁력 평가결과의 시사점," 「주간 금융브리프」 15(38): 8~9.

박철민. 2015. 「고용정책조정 성과와 함의」, 『정책연구』, 제11권 3호, pp. 73~83.

반가운·김미란·김봄이·박동진·최혜란. 2018. 「한국의 기업은 왜 교육훈련에 투자하지 않는가?」. 한국직업능력개발원.

반가운·김봄이·박동진. 2017. 「한국의 스킬과 노동시장 성과 – 국제비교 분석을 중심으로」. 한국직업능력개발원.

반가운·안우진·김영빈·김주리. 2019. 「한국의 스킬 지도(Skill map, 2019)」. 한국직업능력개발원.

삼성경제연구소. 1994. 『21세기를 향한 한국의 국가경쟁력』. 서울: 삼성경제연구소.

서창록. 1993. "정치경제학적 시각에서 본 국가경쟁력의 의미와 산업정책의 방향," 『한국행정학보』 27(4): 1361~1378.

성경륭 외. 2017. 『새로운 대한민국의 구상: 포용 국가』. 21세기북스.

성경륭. 2017. 혁신적 포용 국가의 건설과 한국형 사회적 시장경제 모델의 정립. 한국사회복지정책학회 춘계학술대회자료집.

안국신. 2005. "우리나라 정부의 국가경쟁력정책: 문제점과 대안," 『경제학 연구』 53(4): 313~353.

연합뉴스. 2019. "한경연, 한국 조세경쟁력 순위, 2년간 5단계 하락". 2019. 6. 17.

염재호 외. 2007. 「정부혁신을 통한 국가경쟁력 강화 방안」, 한국행정학회.

우천식. 2006. "우리나라 국가경쟁력 평가결과 및 분석: IMD·WEF를 중심으로," 「국가경쟁력 강화를 위한 세미나」.

우천식·서경란. 2003. "한국의 국가경쟁력 평가결과와 정책적 함의: IMD 및 WEF의 평가를 중심으로," 삼성경제연구소(SERI)/서울

대학교 경제연구소 국가경쟁력연구센터 주최 심포지움,「한국의 국가경쟁력, 이대로 괜찮은가」 발표논문. 2003. 6. 27.

이병태 외. 2010. “한국 국가경쟁력 분석 및 제고 방안: 금융부문을 중심으로,” 연구보고서. 한국과학기술원 테크노경영대학원.

이용헌. 1994. “국가경쟁력 문제의 실상과 정책과제,” 『한국행정학보』 28(1): 285~304.

이정우. 2005. “한국경제의 미래와 도전: 참여정부의 국가경쟁력 강화 전략,” 『경제학연구』 53(4): 279~311.

이종선. 2018. “ILO 기본협약 비준과 노동존중사회 실현”. 『노동법률』 2018년 10월호. 국제 고용노동통계 DB(2019).

_____. 2018. “다시 열린 개혁의 창, 문재인 정부의 노동정책 평가”. 『노동연구』 제36집. 고려대학교 노동문제연구소.

이현재. 2005. “주성분분석에 의한 IMD 및 WEF 국가경쟁력지수 평가,” 「국제지역연구」 9(2): 330~345. 국제지역학회.

정광조. 1995. “한국의 국가경쟁력 현황과 그 함의,” 『한국사회와 행정연구』 6: 101~120.

정부・민간 합동 작업단. 2006. 함께 가는 희망 한국 VISION 2030. 서울: 정부・민간 합동 작업단.

조동성・문희창. 2006. 『국가경쟁력: 이론과 실제』, 한국경제신문.

조병구. 2006. 「우리나라 국가경쟁력 평가결과 및 분석: IMD・WEF를 중심으로」. 서울: 한국개발연구원.

조정관. 2006. “국가경쟁력과 정치사회의 개혁,” 「대한정치학회보」 14(1): 179~206.

최윤석. 2016. 4차 산업혁명과 기술진화 트렌드에 따른 전략. Microsoft.

최진욱. 2006. “규제가 국가경쟁력에 미치는 영향: OECD 국가를 중심으로,” 「규제연구」 15(1): 3~25.

통계청. 2019. “2019년 장래인구특별추계를 반영한 세계와 한국의 인구 현황 및 전망,"통계청 보도자료 2019. 9. 2.
한겨레신문. 2018. "한국 국가경쟁력 15위... 거시경제 안정성·ICT 분야 1위," 2018. 10. 16.
_____. 2019. "IMF 한국, 국가경쟁력 8위...타이보다 낮아". 2019. 7. 12.
한국개발연구원. 2018.『중장기 미래트렌드와 향후 정책과제』.
한국노동연구원. 2019.『2019 KLI 노동통계』.
한국정보화진흥원. 2019.「빅데이터 시대, AI의 새로운 의미와 가치」,『IT & Future Strategy』, 제7호, pp. 1~22.
행정자치부. 2006.「국민과 함께 한 정부혁신 3년: 참여정부 3년 정부혁신 성과보고서」.
혁신이론연구 TF·행정자치부. 2006.「정부혁신 이론보고서」.
황성원 외. 2006.「정부혁신 성과지표 개발」. 서울: 한국행정연구원.
Acemoglu, D. 2002. Technical Change, Inequality and the Labor Market. Journal of Economic Literature. Vol. 40. pp. 772.
_____. 2015. "Social Expenditure", OECD Social Expenditure Statistics (database), DOI: http://dx.doi.org/10.1787/data-00166-en (Accessed on 21 August 2015).
Bartolini, David. 2012. "Coordination failures: a game-theoretic approach," OECD.
Bruno, Michael, and Jeffrey Sachs. 1985. *The Economics of Worldwide Stagflation*. Cambridge: Harvard Univ. Press.
Bundesministerium fur Arbiet and Soziales. 2017. Weissbuch Arbeiten 4.0. 노동 4.0 백서(2017년 1월 독일어판 번역). 여시재 발간자료.
Calmfors, Lars and John Driffill. 1988. "Bargaining Structure, Corporatism and Macroeconomic Performance." in *Economic Policy*. vol. 6. pp.13~62.

Cameron, David R. 1984. "Social Democracy, Corporatism, Labour Quiescence, and the Representation of Economic Interest in Advanced Capitalist Society." in John H. Goldthorpe ed. *Order and conflict in Comtemporary Capitalism: Studies in the Political Economy of Western European Nations*. Oxford: Clarendon Press.

Castells, M. 1996. *The rise of the network society*. Oxford: Blackwell.

Crouch, Colin and Franz Traxler(1955). *Organized industrial Relations in Europe: What Future?* Avebury.

Davies, Howard & Ellis, Paul. 2000. "Porter's Competitiveness Advantage of Nations: Time for the Final Judgement?"*Journal of Management Studies* 37(8): 1189-1213.

European Institute for Gender Equality. 2019. *Gender Equality Index 2019*. https://eige.europa.eu/

Fukuyama, Francis. 1995. *Trust: The Social Virtues and the Creation of Prosperity*. Free Press.

Hall, P. A, Soskice D. 2001. *Varieties of Capitalism: The Institutional Foundations of Comparative Advantage*. Oxford University Press.

Hermann, M., Pentek, T., & Otto, B. 2016. "2016: Design Principles for Industrie 4.0 Scenarios" 49th Hawaii International Conference on System Sciences(HICSS).

ILO. 2011. Towards a Sustainable Economic Recovery: The case for a wage-led policies. ILO.

IMD. 2019. IMD World Competitiveness Ranking 2019. IMD World Competitiveness Center.

_____. *World Competitiveness Yearbook* 2015~2019.

Korpi, Walter and Michael Shalev. 1979. "Strikes, Industrial Relations and Class Conflict in Capitalist Societies." *British Journal of Sociology*. 30: 164~187.

Krugman, Paul. 1994. "Competitiveness: A Dangerous Obsession," *Foreign Affairs* 73(Mr/Ap): 28-44.

Mitchell, Daniel J. 2006. "Competitiveness Means Less Government, Not More," Backgrounder #1929. April 20, 2006.

OECD. 2004. "Wage-setting Institutions and Outcomes," *Employment Outlook 2004*.

_____. 2018. "The role of collective bargaining systems for good labour market performance," *OECD Employment Outlook 2018*, OECD.

_____. 2019. *The Future of Work: OECD Employment Outlook 2019*, OECD..

_____. 2005. Modernizing Government: The Way Forward. OECD 정부혁신 아시아센터 역, 「정부혁신 패러다임, 어떻게 변하고 있는가?」. 서울: 삶과 꿈.

_____. 2018. G7 장관회의 OECD 보고서(2018.5).

Onaran, O. & Stockhammer, E. 2012. Wage-led Growth: Theory, Evidence, Policy. Political Economy Resarch Institute(UMASS Working Paper Series No. 300). MA: UMASS.

Osberg, L., & Sharpe, A. 2005. How should we measure the 'economic' aspects of well-being?. *Review of Income and Wealth*, Vol. 51. No. 2. pp. 311~336.

Osborne, David & Peter Plastrik. 1997. *Banishing Bureaucracy*, 최창현 역, 『정부혁신의 5가지 전략』. 서울: 삼성경제연구소.

Peters, B. Guy. 1998. *The Future of Governance: Four Emerging*

Models. 정용덕 외 역. 『미래의 국정관리』. 서울: 법문사.

Porter, Michael E. 1990. *The Competitive Advantage of Nations*. London: Macmillan.

Rifkin, J. 1995. *The End of Work*. Putnam.

Rogers, E. M. 1983. *Diffusion of Innovation*, 3rd ed. New York: Free Press.

Schmitter, Philippe C. and G. Lehmbruch. 1979. *Trends Toward Corporatist Intermediation*. Beverly Hills, California: Sage Publications.

Soskice, David. 1990. "Wage Determination: the Changing Role of Institutions in Advanced Industrialized Countries." *Oxford Review of Economic Policy*. 6(4): 36~61.

Traxler, Franz. 1994. "The Level and Coverage of Collective Bargaining: A Cross National Study of Patterns and Trends." mimeo.

USA Council on Competitiveness. 2001. U.S. Competitiveness 2001: Strengths, Vulnerabilityes and Long-Term Priorities. January 2001.

WEF. 2018. *The Global Competitiveness Report* 2018. World Economic Forum.

_____. *The Global Competitiveness Report* 2015~2018.

찾아보기

필자소개

이종선

고려대 노동문제연구소 부소장

고려대에서 사회학 박사학위를 받고 통일연구원, 한국직업능력개발원, 대통령비서실 사회정책비서관실에서 근무하였다. 대표 연구로 『DJ 정부의 구조개혁과 노동시장 변화』(2002), 『세계의 지역혁신체계(2004, 공저)』, 『금융산업 2차 정규직(2018, 공저)』 등이 있다.

박 동

한국직업능력개발원 선임연구위원

고려대에서 정치학 박사학위를 받고 한국노총, 대통령자문 국가균형발전위원회 등에서 근무하였다. 대표 연구로 『한국 노동체제의 변화와 사회협약의 정치』(2005), 『국가균형발전의 비전과 전략』(2004), 『청년 지식기술창업 연구』(2010) 등이 있다.

반가운

한국직업능력개발원 연구위원

고려대에서 경제학 박사학위를 받고 한국직업능력개발원에 재직 중이다. 역량과 일터 문제에 관심을 갖고 있으며, 대표 연구로 『한국의 기업은 왜 교육훈련에 투자하지 않는가?』(2018), 『한국의 스킬지도』(2019) 등이 있다.

노동학총서 6

노동시장과 국가경쟁력

- 국제순위평가 재조명 -

초판 제1쇄 펴낸날 : 2020. 12. 31

지은이 : 이종선 · 박　동 · 반가운

펴낸이 : 김 철 미

펴낸곳 : 백산서당

등록 : 제10-42(1979.12.29)

주소 : 서울 은평구 통일로 885(갈현동, 준빌딩 3층)

전화 : 02)2268-0012(代)

팩스 : 02)2268-0048

이메일 : bshj@chol.com

값 20,000원

ISBN 978-89-7327-692-9 93330